Alfred Delp

Christian Feldmann

Alfred Delp

Leben gegen den Strom

Verlag Friedrich Pustet
Regensburg

Bibliografische Information der Deutschen Nationalbibliothek
Die Deutsche Nationalbibliothek verzeichnet diese Publikation in der Deutschen Nationalbibliografie; detaillierte bibliografische Daten sind im Internet über http://dnb.dnb.de abrufbar.

Gutenbergstraße 8 | 93051 Regensburg
Tel. 0941/920220 | verlag@pustet.de

ISBN 978-3-7917-3382-1
Umschlaggestaltung: Heike Jörss, Regensburg
Satz: Vollnhals Fotosatz, Neustadt a. d. Donau
Druck und Bindung: Friedrich Pustet, Regensburg
Printed in Germany 2023

eISBN 978-3-7917-6232-6 (epub)

Inhalt

Prolog 9

1. Entschluss 11
Der Querkopf Alfred will Priester werden (oder Soldat)
„Ich war ein Strick" 15
Konflikte mit Seminarerziehern und Eltern 19
Heidegger und Geländespiele 21

2. Gespräch 27
Der Student sucht den Dialog mit dem braunen Zeitgeist
Mit einem Gewaltstaat kann man nicht reden 29
Listiger Widerstand zwischen den Zeilen 32

3. Konfrontation 35
Der Prediger und verbotene Autor geht auf Konfliktkurs
„Der Mensch muß Geschichte machen" 37
Ein Autor im Untergrund 40
Kritik an einer „anmaßenden" Kirche 43
Die Glaubensbeamten und der Heilige Geist 48
Im Schlosseranzug auf der Suche nach Bombenopfern 51
Fluchthelfer für Juden 55

4. Konspiration 59
Der Priester Delp lässt sich das eigene Denken nicht austreiben
Eine Denkfabrik des Widerstands 61
Rechtssicherheit, Mitbestimmung, europäischer Staatenbund 66

Überschätzter Erneuerungswille ... 68
Schöpferischer Anreger und Erfinder von Kompromissformeln ... 72
Statt „Christentum“ lieber „Naturrecht“ schreiben ... 75

5. Ernstfall ... 81
Der Todeskandidat erfährt die Nähe seines gekreuzigten Gottes
Gefährlicher Besuch bei Graf Stauffenberg ... 83
„Morgen früh werden wir Sie mit frischen Kräften weiterverhauen!“ ... 87
Glauben lernen mit gefesselten Händen ... 90
„Alles ist so aussichtslos wie am ersten Tag“ ... 93
„Eine Ratte – zertreten sollte man so was!“ ... 96
„In einer halben Stunde weiß ich mehr als Sie“ ... 101

6. Charisma ... 103
Was den Menschen und Christen Alfred Delp ausmachte

7. Texte von Alfred Delp ... 110
1 Ich bemühe mich, kein Kleinholz zu machen ... 110
2 Ich glaube noch nicht an den Galgen ... 111
3 Das Gewissen läßt sich nicht fremdbestimmen ... 115
4 Mit gefesselten Händen ... 116
5 Wie der Mensch zum Menschen wird ... 118
6 Den Menschen wieder gottesfähig machen ... 120
7 Den Engel in der Todesfinsternis sehen ... 122
8 Laßt uns dem Leben trauen, weil Gott es mit uns lebt ... 124
9 Warum die Amtskirche nicht zur Krippe findet ... 128
10 Der Stern wird über der Wüste stehen ... 131

Anmerkungen 133
Ausgewählte Literatur 139
Bildnachweis 142

Prolog

„... und man verrät den Himmel, wenn man die Erde nicht liebt, und man verrät die Erde, wenn man nicht an den Himmel glaubt"[1]

Ein Querkopf ist er immer gewesen.

Als es in der Frühzeit der Nazi-Bewegung scheinbar nur die beiden Möglichkeiten gab, die „völkischen" Ideen begeistert zu übernehmen oder kompromisslos zu verdammen, suchte er das Gespräch: Welche Sehnsüchte trieben die Menschen in die Arme der braunen Rattenfänger? War es möglich, aus dem dumpfen Gemenge von Angst und Gewaltfantasien, Minderwertigkeitsgefühlen und Rassenhass idealistische Träume und ernsthafte Bedürfnisse herauszufiltern?

Als Delp begriff, dass dem Terrorapparat der Faschisten mit einem intellektuellen Gesprächsangebot nicht beizukommen war, ging er keineswegs zu geschmeidiger Anpassung über, sondern auf Konfliktkurs. In seinen Predigten redete er nicht selten Klartext. Anders als viele christliche Widerständler machte er den Mund aber nicht nur auf, wenn die Rechte der Kirchen bedroht waren. Weil jede Kreatur das Antlitz Gottes trage und die Christen zur Solidarität mit allen Menschen verpflichtet seien, half er verfolgten Juden beim Untertauchen.

Als sie ihm das Schreiben (zumindest das Publizieren) verboten, mottete er die Schreibmaschine mitnichten brav auf dem Dachboden ein, sondern entwickelte eine grimmige Lust daran, gegen den Strich zu denken. Im „Kreisauer Kreis" entwickelte er zusammen mit Dissidenten unterschiedlicher Herkunft Modelle für eine neue Gesellschaft nach dem erhofften Ende der Hitler-Herrschaft.

Als sie ihn einsperrten und mit dem Tod bedrohten, beschränkte er sich nicht auf fromme Betrachtungen an der Schwelle zum Himmel, sondern arbeitete seine sozialphilosophischen Entwürfe weiter aus und schrieb seiner Kirche unbequeme Wahrheiten ins Stammbuch: Verbürgerten Glaubensbeamten, die sich um die trostlosen Lebensbedingungen der Menschen nicht kümmerten, nehme niemand mehr ihre Rede vom guten Gott ab.

Als sie ihn vor Gericht stellten, kroch er nicht zu Kreuze, um seinen Kopf zu retten, sondern widersprach dem geifernden Juristen Freisler: Ohne gründliche Änderung der gesellschaftlichen Zustände werde der Mensch weder denken noch beten lernen. Delp und seine Freunde aus dem Kreisauer Kreis wurden gehenkt, weil sie „nur gedacht“[2] haben. Weil sie sich den Luxus eines eigenen Kopfes leisteten.

Den Zwang zum stromlinienförmigen Denken gibt es nicht nur in Diktaturen. Deshalb bleiben Querköpfe überlebenswichtig – damit die Vision von einer besseren, gerechten Welt nicht untergeht. Mit ihr stirbt, was den Menschen zum Menschen macht.

1. Entschluss

Der Querkopf Alfred will Priester werden (oder Soldat)

„Wir sind auf ein Seil gesetzt
und sollen über einen Abgrund laufen"[3]
„Gott ist gestorben in unseren Herzen.
Er ist keine Leidenschaft mehr"[4]

Klerikale Lebenswege verlaufen glatt und unauffällig. So war es hierzulande noch vor hundert Jahren: Priesteramtskandidaten kamen aus intakten Familien, im Idealfall aus einer Bauern- oder Handwerkersippe mit vielen Kindern, kirchentreu, bieder, wenig angefochten.

Im Vergleich dazu stammt Alfred Delp aus geradezu chaotischen Verhältnissen. Das Taufregister der Oberen Katholischen Pfarrei Mannheim dokumentiert für den 17. September 1907 die Taufe eines am 15. September geborenen „Friedrich Alfred, Sohn der Maria Bernauer, katholisch". Das ist Alfred Delps Mutter. Auch deren Eltern werden genannt und der Taufpate: „Adam Thomas, Kaufmann, evangelisch"[5]. Vom Vater ist keine Rede.

Eine handschriftliche Ergänzung löst das Rätsel: „Legitimiert durch Ehe vom 15.10.1907 zu Heidelberg. Vater Johann Adam Friedrich Delp."[6] Das heißt, Delps Eltern heirateten erst einen Monat nach seiner Geburt. Ihr ältestes Kind, Justina, war zu diesem Zeitpunkt schon zwei Jahre alt. Man muss sich

Alfred Delp als Schüler im Jahr 1921

Alfreds Stammbaum genau ansehen, um den kleinen Skandal zu ergründen: Die Mutter, Köchin in einem Offiziershaushalt, stammte aus einer kernkatholischen Familie von Landwirten und Schuhmachern. Die Sippe des Vaters – gelernter Kaufmann und später bei einer Krankenkasse angestellt – war dagegen seit Generationen protestantisch; sie hatte Theologen und Hofprediger hervorgebracht und auch einen „roten" Landtagsabgeordneten, einen Sozialdemokraten, der 1945 im KZ Dachau starb. Anfang des 20. Jahrhunderts galt Ökumene noch als Fremdwort. Man kann sich gut vorstellen, wie hartnäckig Onkel und Tanten, Pfarrer und Pastoren gegen die gefährliche Verbindung einer katholischen Köchin mit einem evangelischen Kaufmann gekämpft haben mögen. Aber nicht nur die Stammbäume, auch die wenigen erhaltenen Fotos verraten so manches: Selbstbewusst, beherrscht, mit gelassenem Ernst schauen beide Eltern in die Kamera. Solche Menschen lassen sich ihren Entschluss zur Ehe von keinen furchtsamen Verwandten ausreden; sie warten allenfalls, bis sich die Aufregung gelegt hat.

Dass sich die Eltern so wenig durch Konventionen beirren ließen, mag dazu beigetragen haben, dass der kleine Alfred schon früh seinen eigenen Kopf durchzusetzen wusste. Katholische und evangelische Buben trugen mancherorts auf dem Schulweg erbitterte Schlachten aus. Es gab keine gemeinsamen Lieder und verschiedene Bibelübersetzungen. Zwischen den Konfessionen herrschten Misstrauen, Abneigung, bisweilen blanker Hass.

Alfred jedoch ließen die Vorurteile kalt. Er besuchte die evangelische Volksschule – und freundete sich innig mit dem katholischen Pfarrer an. Als er einmal so angeregt mit ihm plauderte, dass er zu spät zum Konfirmandenunterricht kam, ließ sich der gekränkte protestantische Pastor zu einer Ohr-

Alfreds Eltern Maria und Johann Adam Friedrich Delp

feige hinreißen. Alfred lief trotzig ins andere Lager über – katholisch getauft war er ohnehin –, ging zur katholischen Erstkommunion und ließ sich firmen.

In der südhessischen Kleinstadt Lampertheim, wo die Delps seit 1914 wohnten, bildeten die Katholiken die Minderheit und gehörten auch noch zur ärmeren Schicht. Viele arbeiteten in der Zigarettenfabrik, bauten daheim im kümmerlichen Gärtchen ein wenig Spargel an. Nach dem Ersten Weltkrieg verschlechterte sich die Lage drastisch: Inflation, Arbeitslosigkeit, Hunger. In einem Theaterstück, das Delp später als Internatserzieher für seine Jungs schrieb, blitzt die Erinnerung an diese harten Jahre auf: „Hast du schon einmal gesehen, wie unsere Kinder aus den Arbeitergassen es machen, wenn sie mal in die Straßen kommen, in denen die großen Geschäfte sind? Da stehen sie und drücken sich die Stumpfnasen platt an den Schaufenstern und gucken sich die kleinen

Kinderaugen aus nach all den schönen Dingen, nach denen ihnen das Herz so voll ist."[7]

„Ich war ein Strick"

Alfred war alles andere als ein frommer kleiner Engel. Seine Geschwister, die ihn allesamt um mindestens drei Jahrzehnte überlebten, erinnern sich an einen gutherzigen, aber wilden Bengel, der immer in Bewegung war und am liebsten durch verbotenes Terrain streifte. „Laß Dir von meiner Mutter keine ‚Heiligenlegende' über mich erzählen", warnte er seine Münchener Sekretärin in einem aus der Todeszelle geschmuggelten Kassiber. „Ich war ein Strick."[8]

Auch in der Schule soll er kein Musterknabe gewesen sein. Am Dieburger Gymnasium übersprang er zweimal eine Klasse, tat sich aber keineswegs als Streber hervor. Seine Klassenkameraden berichten von messerscharfer Intelligenz, Hilfsbereitschaft – und einer Neigung, vor Lachen zu explodieren. Aber auch unruhig und getrieben sei er gewesen, unbändig neugierig und nicht immer bequem.

Natürlich begeisterte er sich für die Jugendbewegung: Protest gegen die langweilige bürgerliche Welt der Erwachsenen, verschworene Gemeinschaft, hinaus in die Natur, Fahrtenromantik, Nachtwanderungen, Lagerfeuer, das passte zu ihm. In ihrer eigenartigen Verbindung von konservativen Idealen und emanzipatorischem Lebensstil war die Jugendbewegung stark christlich geprägt. Alfred machte beim 1919 gegründeten Bund Neudeutschland mit, dessen Parole hieß „Christus, Herr der neuen Zeit". Eigenverantwortung, Liebe zu Natur und Heimat, Christus als Vorbild und Führer.

1969 entdeckte man auf dem Speicher eines Vereinshauses in Lampertheim ein blaues Schulheft, in dem Alfred Delp enthusiastisch, aber auch selbstkritisch über den Werdegang

Lampertheim um 1930: Blick auf das Rathaus, daneben der Turm der katholischen Kirche

der von ihm geleiteten Gruppe berichtet. Sie baut eine kleine Bibliothek auf, kümmert sich um Waisenkinder. Und dann die ernüchternde Erkenntnis: „Wieder sind mal 4 Wochen verschlafen. Der junge Führer verzweifelt. Eigentlich ist er gar kein Führer mehr. Er läßt die Dinge laufen. [...] Er hat so allerhand Pläne, traut sich aber damit nicht mit ihnen heraus. Sie würden ihn ja doch nur verlachen. Er merkts, er ist morsch; er ist reif zum Gehen."[9]

Einer seiner Mitschüler äußerte sich später ganz anders über Delps Fähigkeit, Menschen zu motivieren: Alfred wollte ihn dazu bringen, eine weitere Neudeutschland-Gruppe zu gründen. Am Sonntagmorgen um vier Uhr stand er mit ein paar halb ausgeschlafenen Freunden vor dem Haus des Verdutzten; „und wir marschierten die 28 km über Münster und Oberroden durch den Rodgau nach Offenbach. Während des gesamten Weges war Delp mein Gesprächspartner. Dort Gottesdienst im Freien, Geländespiele usw. und am Abend mit der Rodgaubahn wieder zurück."[10] Keine Frage: Die neue Gruppe wurde gegründet.

Keine Frage auch, dass Alfred Priester werden wollte und nichts anderes. Irgendwann einmal hatte er offenbar mit einem militärischen Beruf geliebäugelt; „ich wäre um mein Leben gern Soldat geworden", wird er sich in einem Brief an seinen Ordensprovinzial Augustin Rösch erinnern. Sein Taufpate, nur wenig älter als er, „war schon Kadett und ich träumte davon."[11] Als dieser bewunderte Freund freilich schon im ersten Kriegsjahr mit 17 Jahren fiel, mag Delp die ganze Brutalität und Sinnlosigkeit der neuzeitlichen Kriegführung aufgegangen sein.

Kaum hatte er 1926 das Abitur als Klassenbester bestanden, ging der Dieburger Pfarrer Johannes Unger daran, ihm einen Studienplatz am römischen Germanicum zu sichern. Das Germanicum: Elitekolleg, Gelehrtenhimmel und Bischofsschmiede. Die Studenten trugen stolz ihren roten Talar und konnten darauf hoffen, bald zur kirchlichen Führungsschicht in Europa zu gehören.

Doch Alfred hatte seine eigenen Pläne. Auf dem Umweg über seine Mutter ließ er den emsig Empfehlungsbriefe sammelnden Pfarrer wissen, er werde in den Jesuitenorden eintreten. Da hatte er sein Elternhaus bereits verlassen – heimlich. Die Eltern vermuteten ihn auf einer Wanderung. Unger reagierte erwartungsgemäß empört: Alfred wolle ihn wohl blamieren! Und am Germanicum hätte etwas aus ihm werden können; „bei den Jesuiten wird er irgendwo als Studienpräfekt versauern."[12]

Was keine besonders faire Einschätzung war; die Jesuiten gelten noch heute als Elitetruppe und bieten die mit Abstand gründlichste Ausbildung unter allen Orden. In Deutschland war ihr Ruf damals allerdings etwas ramponiert. Bismarck

Der junge Alfred Delp (r.) mit einem Freund

hatte sie während des „Kulturkampfes“ als Inbegriff der unkontrollierbaren römischen Macht, deren Einfluss auf die deutsche Politik er fürchtete, aus dem Reich verbannt. Erst nach der Aufhebung seines Jesuitengesetzes 1917 konnten sie sich hier wieder ansiedeln.

Was hat Alfred Delp an der „Gesellschaft Jesu“ fasziniert, an der sich immer schon die Geister schieden? Über seine Motive hat er eisern geschwiegen. Vielleicht war es der seit der Ordensgründung 1534 durchgehaltene Anspruch, sich die brennenden Probleme der jeweiligen Gegenwart zu eigen zu machen, nicht auszusteigen in eine selbstgenügsame Innerlichkeit, sondern einzusteigen in eine oft unbequeme Zeitgenossenschaft mit den Menschen. Schon der Ordensstifter Ignatius von Loyola hatte den Mut, Gott nicht in einer religiösen Sonderwelt, sondern „in allen Dingen", wie er sagte, zu suchen und im lebendigen Menschen zu finden. Er schickte seine Leute in die Zentren geistigen Lebens und kritischen Fragens, zu den Brennpunkten von Not und Verzweiflung.

Konflikte mit Seminarerziehern und Eltern

Im April 1926 trat Alfred im österreichischen Tisis (Vorarlberg) in das Noviziat der Gesellschaft Jesu ein; die deutschen Ausbildungshäuser waren noch im Aufbau. Delps intellektuelle Begabung und enorme Belesenheit stießen auf Respekt. Sein eigensinniger Dickschädel bereitete ihm allerdings auch bei den Jesuiten Schwierigkeiten: Der Novizenmeister nahm an seinen zu „protestantisch" eingefärbten Gedankengängen Anstoß. Er empfahl ihm, doch zunächst einmal den guten alten katholischen Katechismus gründlich zu studieren.

Wenig erbaut waren die Vorgesetzten auch von Delps Angewohnheit, in den Vorlesungen Briefe zu schreiben (er sei „kein eifriger Mitschreiber, weil doch schon fast alles in den Büchern steht"[13]), und von seiner grässlichen Handschrift (ein Mitnovize wurde beauftragt, ihm Schönschreibunterricht zu erteilen, ohne sichtbaren Erfolg). Unter Delps Drang, Behauptungen und Lehrsätze nicht ungefragt zu akzeptieren, litt besonders ein junger Dozent namens Karl Rahner, der später zum bekanntesten katholischen Theologen des 20. Jahrhunderts in Deutschland werden sollte und offensichtlich damals schon sehr anspruchsvoll formulierte. Delp habe ihn mit seinen Wortmeldungen immer wieder in einen längeren Disput verwickelt, erinnert sich ein Mitstudent. „Wir suchten daraus Nutzen zu ziehen und baten ihn, wenn wir ungenügend vorbereitet waren, direkt Schwierigkeiten vorzubringen, so daß fürs Abfragen keine Zeit mehr blieb."[14]

Eine fast schon unheimliche Energie bescheinigen ihm die anderen Novizen, ein breites Interessenspektrum, viel Idealismus – und, ähnlich wie die Mitschüler damals auf dem Gymnasium, eine gewisse Schroffheit. „Etwas Rastloses, oft Unbeherrschtes" sei in ihm gewesen. „Er konnte durch sein hartes Benehmen Leute abstoßen, oft wirkte er als zu sehr von sich eingenommen, er hat sich nie leicht mitgeteilt."[15]

Zu seinen Eltern hatte Alfred ein ziemlich gespanntes Verhältnis. Das geht aus den Briefen hervor, die er ihnen in die hessische Heimat schreibt und in denen er sich regelmäßig gegen Vorwürfe zu wehren hat, er lasse nichts von sich hören und komme zu selten auf Besuch. Seine Antworten wechseln zwischen salbungsvollem Pathos – „Warum habt Ihr so wenig Verständnis dafür, daß ich jetzt dem Herrgott gehöre und so erst recht Euch?"[16] – und schroffer Abwehr: „Der Soldat gehört zur Armee."[17] Und wenn er schon mal auf Heimaturlaub war und wieder einmal in irgendwelche Familienstreitigkeiten hineingezogen werden sollte, resümierte er traurig, er sei dabei wohl „noch mehr, ich weiß nicht, wie ich sagen soll, von Euch weggewachsen. Gebe Gott, daß wir uns wiederfinden, aber ohne all das Kleinliche und Enge, das bis jetzt immer so viel Liebe und Freude zerschlug."[18]

Wie tief das Zerwürfnis ging, zeigt Jahre später sein Entschuldigungsbrief an die Mutter vom Mai 1938: Wieder einmal habe er ihren Geburtstag vergessen, „verbummelt", obwohl er sich doch extra einen Zettel „Mutter zum Geburtstag schreiben" auf den Tisch gelegt habe[19] … Dann gibt es wieder so liebenswürdige Post wie 1941, als er eine Tabaksendung an den Vater – im Krieg eine Kostbarkeit – ankündigt: „Vater soll mit dem Tabak nicht zu sparsam umgehen, ich hab schon wieder etwas. […] Ganz gute Sachen waren nicht mehr aufzutreiben, aber eine gute Mittellage hab ich noch erwischt."[20] Doch zu unbefangener Zärtlichkeit findet er erst drei Wochen vor seinem Tod, im Abschiedsbrief aus der Gefängniszelle: „Bleib tapfer, liebe Mutter. Bete für mich. Wenn ich bei Gott bin, werde ich immer für Dich beten und bitten und viele versäumte Liebe nachholen. Wir sehen uns ja wieder. […] Behüt Dich Gott, Mutterl.“[21]

Heidegger und Geländespiele

1928 wechselte Alfred Delp in das Jesuitenkolleg Pullach bei München, um dort drei Jahre lang Philosophie zu studieren. Unterrichtssprache war Latein, was das Gespräch mit den jugoslawischen, tschechischen, spanischen, amerikanischen Kommilitonen erleichterte. Das Hauptinteresse des Studenten Delp scheint den sozialen Problemen und einer zeitnahen Philosophie gegolten zu haben. Er war 28 Jahre alt, als sein Buch *Tragische Existenz* erschien, eine Auseinandersetzung mit Martin Heidegger.

Ein Jahr zuvor hatte der junge Freiburger Philosoph Heidegger seinen Bestseller *Sein und Zeit* veröffentlicht: Der Mensch, ein „ins Dasein Geworfener“[22], dem Tod ausgesetzt und der Angst, ins Nichts zu entschwinden, findet den Sinn seiner Existenz in der Meisterung seines brüchigen Lebens, in der tapferen Entschlossenheit, sich selbst zu verwirklichen.

Delp erkennt dankbar an, dass hier wieder nach dem Sinn, nach den tiefsten Wirklichkeiten gefragt werde; seit Kant hatte die Philosophie ja nicht mehr gewagt, über das subjektive Bewusstsein hinauszudenken. Aber er wirft dem allgemein bewunderten Heidegger vor, in der Horizontalen stehen zu bleiben, sich mit der Endlichkeit des Daseins zufriedenzugeben: „Ist es genug zu sagen, das Dasein sei geworfen? […] Drängt denn Geworfenheit nicht dazu, nach einem ‚Werfer‘ zu fragen?“[23]

Tragisch sei diese Ermunterung zu einer dem Untergang geweihten, keinen Halt findenden, im Grunde sinnlosen Existenz. Delp sieht den modernen Menschen am Verlust der Mitte und an einer gestörten Beziehung zu Gott leiden; der Verzicht auf Gott führte schließlich zum Verlust der Humanität. „Diese Zeit sucht letztlich nach dem wahren Menschen. Sie wird ihn nicht eher finden, als sie bereit ist, den Menschen zu verlassen und über ihn hinauszugehen, um dort zu suchen und zu finden. Und das ist ihre Tragik, daß sie den Menschen nicht findet, weil sie Gott nicht sucht, und daß sie Gott nicht sucht, weil sie keine Menschen hat."[24] Dem Menschen bleibe nichts anderes übrig, als sein nach dem Tod Gottes trostlos gewordenes Dasein ohne Hoffnungsperspektive, aber tapfer und entschlossen zu meistern.

Das Werk, das 1935 gedruckt und 1942 immerhin ins Spanische übersetzt wurde, ist heute vergessen – zu Recht, möchte man meinen, denn Delp hat Heideggers Gedankengänge gründlich missverstanden und ihn selbst als Prediger einer Weltanschauung bekämpft, statt ihn als philosophischen Gesprächspartner ernst zu nehmen.[25] Delp liegt allerdings dort intuitiv richtig, wo er in der „düsteren Schönheit"[26] der Heideggerschen Daseinsanalyse einen Niederschlag des braunen Zeitgeistes mit seinem heroischen Vernichtungspathos sieht (ohne ihn einfach als Vordenker der Nazis zu denunzieren). Delp: „Das letzte Bild des Lebens kann nicht ein Totenfeld sein, darüber Raben krächzen: auch wenn es zeugt vom tapfern Kampf der Streiter. Einmal muß die Sonne des Lebens wieder darüber stehen und die Raben verscheuchen und die Toten aufrufen zu neuem Marsch."[27]

1931 ging der frischgebackene Doktor der Philosophie als Erzieher nach Österreich zurück, in das Jesuitenkolleg Stella Matutina in Feldkirch (wieder in Vorarlberg). Hier entwickelte der junge Jesuit unkonventionelle Erziehungsmethoden, mit denen er natürlich wieder in Konflikt mit seinen bedächtigen älteren Kollegen geriet: Bewährung statt Bewahrung, Mut zur Eigenverantwortung statt lückenloser Aufsicht, kultivierte Diskussion statt der dauernden Vorträge. Und vor allem: Sport, Geländespiele, Fahrten. „Streng, aber weitherzig", so erklärt er der Mutter sein Erziehungsideal. „Streng, stark, froh, energisch, aber weit, verständnisvoll."[28]

Haben ihn seine Jungs geliebt für die Freiheit, die er ihnen ließ? Es gibt wenig Zeugnisse aus dieser Zeit; einen „inneren Zwiespalt" meint ein Schüler bei ihm bemerkt zu haben, eine Kluft zwischen leidenschaftlichem Engagement und einer Fremdheit, die immer spürbar blieb. „Mir ist Pater Delp in Erinnerung, wie ihn viele Bilder zeigen: Bei der Aufsicht im Studiersaal oder bei anderen Gelegenheiten, wo ein Gespräch nicht möglich war, mit auf der Brust verschränkten Armen und vorgestrecktem Kinn vor sich hinstierend – was ihm den Spitznamen ‚Bullus' [Stier; CF] einbrachte – mit langen Schritten daherschreitend. Auf der anderen Seite konnte er bei gegebener Zeit sehr ausgelassen sein und herzlich lachen, über heimliche Streiche, die wir ihm anvertrauten, sich von Herzen freuen."[29]

Von einem katholischen Jugenderzieher waren Mut und Fingerspitzengefühl verlangt. Vor allem seit die Nazis 1933 drüben im „Reich" die Macht übernommen hatten, durfte eine kirchliche Bildungsanstalt nicht durch aufmüpfige Alleingänge auffallen. Also gestaltete man die Geländespiele „fast so schneidig wie bei der Reichswehr"[30], zeigte Filme über das glorreiche deutsche Heer und versammelte an nationalen Feiertagen sämtliche Zöglinge um den Volksempfänger, um die Reden von Hindenburg, Hitler und Goebbels zu hören.

Leute wie Delp durften ihre kritische Einstellung nur in Andeutungen und Zwischentönen äußern; schon breitete sich

Schulsport im Kolleg St. Blasien mit dem Präfekten Delp (dritter v. r.)

das Reich der Spitzel und Gesinnungsschnüffler aus. Um sich verdächtig zu machen, genügte es bereits, dem Totalanspruch der braunen Herrenmenschenreligion eine konkurrierende Weltanschauung entgegenzusetzen. Es reichte schon aus, auf vorsichtige Distanz zur staatlich verordneten Kriegsbegeisterung zu gehen.

Alfred Delp wusste ziemlich bald, was die Stunde geschlagen hatte. „Wenn bestimmte Richtungen die Mehrheit bekommen", schrieb er im September 1930 seinem Bruder Ewald, „sind wir die ersten, die ans Messer kommen. – Wenn Du kannst, hilf bei der Wahlpropaganda für Brüning und das Zentrum."[31]

Der ideale Platz für Zwischentöne ist in Diktaturen die Bühne. Für die Vorweihnachtszeit 1933 schrieb und inszenierte Delp mit seinen Schülern ein Theaterstück: *Der ewige Advent.* Wenig Text, im pathetisch-abgehackten Stil der Zeit, ein paar starke Bilder, vor allem aber eine rebellische Absicht.

Menschen in ausweglosen Situationen werden gezeigt, denen kein politischer Führer, kein gesellschaftlicher Umbruch helfen kann, sondern nur der gute Gott, der das Glück seiner Menschen will: „Einmal wird Gottes Hand euch berühren [...]. Einmal wird einer kommen, / Der eure Hände ergreift!“[32]

Eine Auseinandersetzung selbstbewusster Arbeiter mit der Fabrikleitung wird dargestellt, mit unbeholfenem sozialem Pathos („Ja, es muß sich vieles ändern. Oben und unten. Jeder muß bei sich selber anfangen“[33]), das Sterben eines Grubenarbeiters nach dem Einsturz eines Stollens („Zwei Buben. Herzige Kerle. Jetzt stehen sie oben am Zechentor und warten auf ihren Vater“[34]) – und die Angst der Soldaten im Granatenhagel. Delps technisch begabte Schüler verliehen der Szene mit Lichtraketen und Geschützdonner einen gespenstischen Realismus.

Was da auf der Schulbühne ablief, stand in schneidendem Kontrast zum Hurra-Patriotismus der Epoche. Da sinniert einer im Schützengraben, kurz bevor ihn die todbringende Handgranate trifft: „Die Guten sind fast alle zusammengeschossen. Und die anderen haben bei Zeiten den Heimatschuß gekriegt. Die werden aufgehoben für die Gedächtnisreden, wenn sie einmal unsere Denkmäler einweihen.“ Sein Kamerad pflichtet ihm bei: „Was da in den vordersten Gräben liegt, die dünne Linie, die sich da noch deutsche Front nennt, das sind fast alle junge Jungens von den Schulbänken.“[35]

Und am Ende auch hier wieder die einzige Hoffnung, die bleibt: „Wie viele wohl heute nachts daliegen, drüben und hüben? [...] Keiner füllt ihnen die leeren Hände mit Glück und Frieden. [...] Einmal kommt eine Stunde, / Da wird eine Hand sich öffnen / Aus einer andern Welt. / Sie wird herüberlangen aus dem andern Leben, / Sie wird alle Hände ergreifen, / Die einstens nach dem Glücke sich streckten. / Sie wird sein die Hand eines Gottes / Und doch die Hand des treuesten Bruders.“[36]

Die Rückseite dieses Fotos von Alfred Delp trägt die handschriftliche Notiz „Wollte auch in die Mission! P. Delp†"

2. Gespräch

Der Student sucht den Dialog mit dem braunen Zeitgeist

„... der Mensch muß über sich hinaus wollen, wenn er überhaupt Mensch bleiben will"[37]

1934 mussten die Jesuiten ihre „Auslandsschule" in Feldkirch schließen; den Strategen einer nationalen Erziehung im Deutschen Reich war so eine schwer kontrollierbare Einrichtung nicht geheuer. Das Kolleg fand eine neue Bleibe im Schwarzwald, im einstigen Benediktinerkloster von St. Blasien, wo sich nach der Säkularisation eine Fabrik angesiedelt hatte. Das verwahrloste Gebäude musste – unter den misstrauischen Augen von SS-Abgesandten – erst einmal entrümpelt und saniert werden.

Vielleicht fühlt sich Delp im holländischen Valkenburg (nicht weit von Aachen) sicherer, wo er ein paar Monate später, mit 27 Jahren, sein Theologiestudium beginnt. Erst 1936 werden die Studenten nach Frankfurt am Main übersiedeln, ins Ordenshaus Sankt Georgen, wo die Jesuiten eine angesehene philosophisch-theologische Hochschule unterhalten und auch Priesteramtskandidaten ausbilden, die nicht dem Orden angehören.[38] Seine Auseinandersetzung mit dem neuen „völkischen Glauben" nimmt hier einen offensiveren, sozusagen öffentlichen Charakter an. Der Nationalsozialismus tritt ja nicht als bloße politische Bewegung oder als irgendein Gesellschaftsmodell auf, sondern als Weltanschauung mit totalem Anspruch – als Religion.

Früher als andere erkennt Alfred Delp die Herausforderung, die da für das Christentum heraufzieht. Nüchtern, konsequent und behutsam zugleich beginnt er sich einer unendlich mühsamen Aufgabe zu widmen: Er möchte verstehen, warum die neue Heilslehre so viele Menschen begeistert. Er will nachvollziehen können, auf welche Sehnsüchte die „Hakenkreuzler" mit ihrer Demagogie treffen. Delp versucht, positive Ansätze in der völkischen Bewegung herauszufiltern, zu reinigen, weiterzuführen. Ein verwegenes Unterfangen am Rand des intellektuellen Abgrunds. Aber auch lebensgefährlich, weil sich da einer eigenständige Gedanken macht über die mit gnadenlosem Terror verbreiteten ehernen Glaubenssätze des Hitlerreichs.

Gemeinsam mit den Jesuitenkollegen Rahner, Lotz, Hirschmann, Hans Urs von Balthasar plant Delp ein Buch mit dem Titel *Der Aufbau. Die Existenzmächte des deutschen Menschen*. In einem Exposé für die Mitarbeiter beschreibt er, was ihm dabei vorschwebt: „Das Buch soll eine positive Begegnung versuchen mit den zur Zeit im deutschen Raum wirksamen ‚Existenzmächten'. […] Es handelt sich also um eine Bestandsaufnahme der wirksamen Kräfte, um die Feststellung ihrer positiven Möglichkeiten zu einer Neugründung des deutschen Lebens, um eine Krisis und Abgrenzung und katholische Erfüllung und Erweiterung dieser Möglichkeiten. Das heißt, da, wo die einzelnen Kräfte ihrem inneren Gesetz nach wirken dürfen, führen sie einmal in die Nähe kath. Denkens und verlangen eine kath. Erhöhung und Erfüllung. […] Kein Ressentiment und kein Liebäugeln mit Getto und Katakomben. Grenzen und Abwege feststellen, wo Grenzen und Abwege Tatsachen sind. Aber nicht den Deus creator [Schöpfergott; CF] vergessen, der der erste Grund aller geschichtlichen Entwicklung ist."[39]

„Delp mag Bedeutsamkeit und Kraft des ‚Neuaufbruches', den die damalige Zeit proklamierte, überschätzt haben", urteilte sein einstiger Lehrer Karl Rahner viel später, als man mit der Herausgabe von Delps gesammelten Schriften begann. „Er mag vom ‚Mann', vom ‚Helden', vom ‚Aufbruch' usw. reden in einer Weise, die uns fremd geworden ist. [...] Es mag auch sein, daß man in diesen geistlichen Schriften kaum etwas liest, in dem mit politischen Argumenten gegen den Nazismus gekämpft wird. Thematisch wird nur die Religionsphilosophie (wenn man so sagen darf) des Nazismus bekämpft, das aber mit aller Schärfe und Eindeutigkeit. Jeder Nationalsozialist von damals wußte, daß eine solche Verwerfung ihres religionsphilosophischen Systems den Nationalsozialismus in seiner innersten Mitte trifft."[40]

Mit einem Gewaltstaat kann man nicht reden

Das Buchprojekt blieb in der Planungsphase stecken. Delp und seine Mitstreiter mussten jeden Tag schmerzlicher begreifen, dass der grobschlächtigen Propaganda der Nazis und ihrem Terrorapparat mit einem intellektuellen Gesprächsangebot nicht beizukommen war. Wer konnte auf einen vernünftigen Dialog mit einem Regime hoffen, das katholische Kindergärten und Ordensniederlassungen schloss, kirchliche Verbände verbot, aufrechte Priester, Journalisten, Gewerkschaftsfunktionäre in die Konzentrationslager schickte? Ganz zu schweigen von der Entrechtung und Verfolgung der Landsleute Jesu, der Juden, die an jeder Straßenecke und in jedem Zeitungsblatt geschah – vor aller Augen und von vielen bejubelt.

Schrittweise fand Delp den Weg von einer kritischen Debatte in den Widerstand. Ein Lernprozess, der sich an seinen Zeitschriftenaufsätzen aus jenen Jahren ablesen lässt. Mittlerweile hat er seine theologischen Studien in Frankfurt abgeschlossen. Kardinal Michael Faulhaber weiht ihn am 24. Juni 1937 in München zum Priester; einen Monat später verurteilt hier ein Sondergericht Delps kämpferischen Mitbruder Rupert Mayer wegen „Kanzelmissbrauchs“ zu einem halben Jahr Gefängnis.

Delps Kanzel ist zunächst einmal die gehobene katholische Presse: der für Theologen und Priester gedachte *Chrysologus*, in dem er Predigtentwürfe veröffentlicht, und dann die heute noch existierende Jesuitenzeitschrift *Stimmen der Zeit.* Die „Stimmen“ sind ein nicht nur im katholischen Raum höchst angesehenes Blatt, das die geistige Auseinandersetzung mutig führt; 1935/36 ist das Blatt schon einmal fünf Monate verboten gewesen.[41]

Delp beschäftigt sich gründlich mit den Dogmen der neuen Heilslehre – Rasse, Blut, Volk, Ehre – und mit der modischen Kritik an Bibel und Kirche. Er glaubt nicht mehr an die Vereinbarkeit der braunen Esoterik mit der jüdisch-christlichen Tradition, er markiert deutlich Grenzen – aber er bemüht sich immer noch, zu differenzieren. Er verdammt die Enttäuschten und Verführten nicht, die bei den Priestern der neugermanischen Religion suchen, was sie in einer stumm und müde gewordenen Kirche vielleicht nicht mehr finden.

Da geht es zum Beispiel um das neu erwachte Bewusstsein für nationale, „völkische“ Eigenart. Blut und Geist, schreibt er, schweißen ein Volk zusammen. Und der Mensch muss in Geist und Geschichte seines Volkes zuhause sein. Aber – und hier tritt Delp der Blut-und-Boden-Religion der Faschisten entschieden entgegen – ein Volk darf nie seine „völlige Herauslösung aus der Menschheit und eine Sprengung des menschheitlichen Zusammenhanges“[42] erstreben. Für ihn sind die Völker letztlich „Gedanken Gottes“[43] – und damit niemals

Delp (vordere Reihe r.) unmittelbar vor der Priesterweihe

totalitäre Götzen. Es gibt Werte, die über dem Volk stehen. Es gibt nicht nur den Anspruch des Volksganzen, sondern individuelle Menschenrechte.

Oder die Versuche der „Deutschen Glaubensbewegung" und anderer nationalsozialistisch eingefärbter Gruppierungen, dem „indogermanisch-nordischen Mutterboden" eine „arteigene Gotteserfahrung"[44] abzugewinnen: Delp deutet auch solche wirren Ausgeburten als Indiz, „daß jeder Mensch sich innerlich nach dem Göttlichen ausreckt und nach ihm verlangt."[45] Eine solche Religion mache sich ihren Gott freilich selbst, nach den engen Bedürfnissen von Politik und Nation, begrenzt von Rasse und Raum: einen kleinen Gott nach Menschenmaß, der niemanden zu retten vermöge.

Nur logisch, die Menschen zu ermuntern, sich selbst zu erlösen, „an den Heiland in dir selbst zu glauben."[46] Gegen diese gottgleiche Herrlichkeit des Menschen spreche aber alle Lebenserfahrung: „Daß dieser Mensch eigentlich immer das

Gute sucht und anstrebt und daß er so oft in Nacht und Not endet."[47] Deshalb verlange die menschliche Selbsterkenntnis und Selbstverantwortung die Anerkennung seiner Kreatürlichkeit: „Wer ein ganzer Mensch sein will, muß Geschöpf bleiben."[48] – „Wer Mensch sein will, muß Christ werden."[49]

Listiger Widerstand zwischen den Zeilen

Pater Delp liest und studiert wie ein Besessener – wie er es schon während der langen Ausbildungsjahre tat: Allein in den Semesterferien 1935 hat er sich aus der Münchener Staatsbibliothek an die zweihundert Bücher ausgeliehen und Exzerpte gemacht. Er schreibt, rezensiert, macht Entwürfe, predigt – und steht, wenn er ehrlich ist, vor einem Scherbenhaufen.

Aus dem Sozialinstitut, das die deutschen Jesuiten Anfang der Dreißigerjahre gründen wollten und an dem er mitarbeiten sollte, ist vor dem düsteren zeitgeschichtlichen Hintergrund nichts geworden. Vergeblich hat er im Sommer 1939 bei der Philosophischen Fakultät der Münchener Universität die Zulassung zur Promotion in Philosophie und Staatswissenschaften beantragt (den „päpstlichen" Dr. phil., ausgestellt von der römischen Gregoriana, hat er bereits). Die Hochschule und das Staatsministerium für Unterricht und Kultus lehnen ab: Jesuiten gelten als staatsgefährdende Elemente. Und als Hitler am 1. September 1939 Polen überfällt und Delp unbedingt Feldgeistlicher werden will – weil er sich schämt, „zu Hause zu sitzen, während bis auf eine Ausnahme alle männlichen Angehörigen meiner Familie im Felde sind"[50] –, beißt er ebenfalls auf Granit.

Delp macht aus der Not eine Tugend und zieht als ordentlicher Redakteur in das Münchener Redaktionsgebäude der *Stimmen der Zeit*. Sein Spezialgebiet soll eigentlich die „soziale Frage" sein, akademisch und politisch. Aber es sind immer

kleine bayerische biografien

Die Bücher erzählen kurz und prägnant aus dem Leben bayerischer Persönlichkeiten. Jeder Band kostet **€ (D) 14,95**.

Michael Eckert
JOSEPH VON BAADER
Technikpionier im vorindustriellen Bayern
168 S, 24 Abb., kart.
ISBN 978-3-7917-3348-7
AUCH ALS EBOOK

Noch heute zeugen die hydraulischen Anlagen im Nymphenburger Schlosspark von Joseph von Baaders (1763–1835) Ingenieurleistungen. Der Schlosspark diente ihm zudem als Versuchsfeld für neue Technologien. Der Band stellt das Leben dieses streitbaren Erfinders, das erfüllt war von hochfliegenden Erwartungen und bitteren Enttäuschungen, vor.

Karin Schneider-Ferber
KAISER HEINRICH II. UND KUNIGUNDE
Das heilige Paar
160 S., 23 Abb., 1 Stammbaum, kart.
ISBN 978-3-7917-3354-8
AUCH ALS EBOOK

Als Könige, Kaiser, Stifter und Heilige sind Kaiser Heinrich II. (973–1024) und seine Gemahlin Kunigunde (975/985–1033) bis heute bekannt. Das Paar blieb kinderlos und wandte sich daher mit ganzer Leidenschaft der Kirche zu. Höhepunkt ihres Engagements war die Gründung des Bistums Bamberg mit dem ersten Dom.

auch die existenziellen Problemstellungen, die ihn interessieren und die er auf sehr persönliche, eigenständige Weise behandelt: Was ist der Mensch? Was erfüllt sein Leben, wer setzt ihm die Maßstäbe?

Das Spektrum seiner Beiträge ist deshalb bunt und weit, es reicht von einer Persönlichkeitsanalyse des Abenteurers, Geheimagenten und Wüstenforschers Thomas Edward Lawrence („Lawrence von Arabien"), bei dem er einen ebenso stolzen wie hohlen Heroismus ausmacht, über das Verhältnis der Christen zur Gegenwart (es gebe keine „grundsätzlich christusfeindliche und kirchenfeindliche Zeitstufe"[51] und es sei nicht erlaubt, sich aus der Geschichte wegzustehlen in eine „desinteressierte Arche"[52]) bis zur Warnung, den Tod fromm zu verklären, in einer „Art Dispens vor den Bitternissen des Lebens"[53]. Erst wenn man ihn mit seinem ganzen ausweglosen Schrecken ernst nehme, könne der Tod dem Menschen zur Bewährung werden und eine tröstende Wirklichkeit erschließen: Dieses Leben und dieser einzelne Mensch sind nicht das Letzte, sie sind geborgen in einem größeren Raum, in der Güte des Schöpfers – und deshalb versinken sie am Ende nicht in das Nichts.

Delp leistet in diesen scheinbar abgehobenen Essays listigen Widerstand gegen den Zeitgeist. Als die Reichsschrifttumskammer 1940 die Redaktion mehrfach barsch ermahnt, sich engagierter für den Krieg einzusetzen, schreibt er brav einen scheinbar linientreuen Text *Der Krieg als geistige Leistung*, der erstens ziemlich lustlos und gar nicht begeistert klingt und allein schon dadurch kontraproduktiv wirkt. Ein Schulaufsatz, um den lästigen Forderungen des Lehrers Genüge zu tun. Zweitens entzieht er sich bereits in der Überschrift der verordneten Gewaltverherrlichung: Krieg ist kein Anlass zum freudigen Jubel und kein „Idealzustand männlichen Lebens"[54], sondern ein Problem. Er muss „geistige Leistung sein […], will man ihn ertragen, ohne an ihm zu verderben. […] Die Frage, die sich stellt, verlangt also eine sittliche Meisterung des Krieges, in den wir gestellt sind. Wir haben ihn nicht gerufen, es ist auch nicht in unsere Macht gestellt, ihn aus der Welt unserer Wirklichkeit zu entrücken. Wir müssen mit ihm fertig werden.“[55] Und drittens weist der Autor so nebenbei auf die dem modernen Krieg innewohnende „Tendenz zur totalen Intensivierung seines Zweckes und seiner Mittel“ hin, er erinnert daran, dass er auf die „totale Vernichtung des Gegners“[56] abziele – und lässt damit beim denkfähigen Leser nur den einen Schluss zu: Nein, so ein Krieg kann geistig oder sittlich gar nicht „gemeistert“ werden, er ist durch und durch schlecht.

Auch dass „der Menschengeist […] ursprünglich volklich gebunden und bestimmt“ ist und die Menschheit „in Völkern, das heißt, in blutsverwandten und blutsverträglichen Gruppen“[57] existiert, hätte ein Rassenideologe in SS-Uniform nicht schöner sagen können. Delp fügt freilich harmlos an, dass Blut und Boden nicht zur Volkwerdung genügen; der kulturschöpferische Geist muss dazukommen – und das Recht: „Volksrecht ist verstaatlichtes Recht und wird durch staatliches Recht nicht aufgehoben.“[58] Im Jahr 1940, als jede Rechtssicherheit längst blankem Terror gewichen ist, klingt ein solcher Grundsatz wie der Aufruf zur Rebellion – zumal Delp ausdrücklich vor der „staatlichen Willkür“[59] warnt und auf die Rechte der Minderheiten pocht, die sich ebenfalls aus der Autonomie eines Volkes ergeben.

3. Konfrontation

Der Prediger und verbotene Autor geht auf Konfliktkurs

„Das wird eine Entscheidungsfrage sein, ob wir Christen fähig und willens sind, uns schützend nicht nur vor den Christen, sondern vor die Kreatur zu stellen"[60]

Im Sommer 1941 mussten die *Stimmen der Zeit* ihr Erscheinen einstellen – sie bekamen kein Papier mehr. Das war die übliche Taktik der NS-Behörden, wenn sie ein kirchliches Presseorgan mundtot machen wollten. Delps letzter Beitrag gibt sein neues Lieblingsthema an: *Weltgeschichte und Heilsgeschichte.* Er steht jetzt auf dem Höhepunkt seines Lernprozesses. Hat er sich anfangs noch an die festen „Ordnungen", Natur, Volk, Heimat, geklammert und ihnen einen „religiösen, mythisch-nationalistischen Glanz"[61] verliehen, so werden ihm jetzt – je deutlicher er den Missbrauch der „Ordnungen" durch das faschistische System erkennt – der Mensch und seine individuelle Freiheit immer wichtiger. Volk, Nation, Heimat gehören zwar zur Schöpfung Gottes, haben ihren Wert, aber auch ihre Grenzen.

Das muss er erst verinnerlichen. Denn Delp ist mit einer nostalgischen kirchlichen Tradition aufgewachsen, die seit dem Mittelalter den gesalbten König, den Herrscher von Gottes Gnaden, das heilige Reich über den einzelnen Untertanen

Alfred Delp als Redakteur der Jesuitenzeitschrift „Stimmen der Zeit"

oder Bürger stellt. Persönliche Freiheitsrechte und gesellschaftlicher Pluralismus werden misstrauisch betrachtet, und das Gewissen ist in der Theorie zwar letzte Instanz, in der Praxis aber des Irrtums und der Aufsässigkeit verdächtig.

Aber jetzt begreift er, dass die Geschichte der bürgerlichen Emanzipation nicht nur Halt- und Bindungslosigkeit, Egoismus und „Verschlossenheit des Lebens in sich selbst“[62] bedeutet, sondern durchaus ihre Lichtseiten hat: Anerkennung der einzigartigen Würde jedes Menschenlebens, Wille zur Weltgestaltung, Übernahme persönlicher Verantwortung. Und immer klarer wird ihm, dass der Glaube an den guten Gott die Veränderung der Lebensverhältnisse hier auf der Erde verlangt.

„Der Mensch muß Geschichte machen"

Neben seiner Redaktionsarbeit hat Delp nicht nur Predigten und Vorträge in ganz Deutschland gehalten und eine Jugendgruppe des merkwürdigerweise noch nicht verbotenen Bundes Neudeutschland betreut, sondern auch an zwei anspruchsvollen Buchprojekten gearbeitet. *Der Mensch vor sich selbst* und *Der Mensch und die Geschichte* sollen sie heißen und sich gegenseitig ergänzen – als Starttitel einer kompakten Buchreihe, die „eine philosophische Selbstinterpretation des Menschen“[63] liefern soll. „Was weiß der Mensch von sich selbst? Er hat immer mit sich zu tun, er ist sich oft Plage und Rätsel und unverstandenes Geheimnis.“ Er braucht eine „ehrliche Selbstbegegnung“[64].

Der Mensch muss fragen, nach sich und über sich hinaus, um sein Ich zu entdecken und die Dinge, „um die es sich wirklich lohnt, einen letzten Ernst und eine letzte Liebe einzusetzen.“[65] Dann wird er sich zwar als zur Materie und zur Welt gehörig erfahren, als „Ding unter Dingen“[66], an Raum und Zeit gebunden, der Brutalität des Lebens und dem Tod unterworfen. Aber er entdeckt auch: „Die Erde, die Welt ist nicht das ganze Leben“[67], und: „Der Mensch ist mehr als der Stoff […].“[68] Eine neue Dimension des Menschen, der schöpferische Geist, der formen, vorwärts drängen, höher steigen will, sprengt seine engen Grenzen. „Der Geist sagt dem Menschen, daß er sich nicht selbst genügt, um wirklich und unverkürzt er selbst sein zu können.“[69]

Delp pointiert: „Der Mensch muß über sich hinaus, wenn er er selbst sein und bleiben und nicht unter sich hinabsinken und zersplittern will.“[70] *(s. Text 5, S. 118)* Die Orientierung am Jenseits gibt dem Diesseits Wert und Würde. Die Welt ist keineswegs ein dunkler Kerker oder ein bloßer Wartesaal zum Himmel, wie freudlose Fundamentalisten so gern behaupten, „sondern ein Transparent des Überirdischen gerade in und durch ihre echte Irdischkeit.“[71]

Binsenweisheiten für einen einigermaßen an Bibel und Katechismus geschulten Christen? Vor dem Hintergrund des zeitgenössischen Gesinnungsterrors leistet Delp wichtige Klärungsarbeit. Während manche Bischöfe und Theologen immer noch auf den fahrenden Zug aufspringen wollen und ein angepasstes Christentum unter einem zum idealen „Arier“ umgedeuteten Jesus anpreisen, zeigt der Ordensmann, welche Welten zwischen dem jüdisch-christlichen Menschenbild und der Nazi-Ideologie liegen.

In einer Zeit, „in der das Menschenleben billig ist wie ein Massenartikel und der eigenen Würde vergessend“[72], in der es der „Despotie des überspannten Wir“[73] verfällt, entwirft er unbeirrt das Bild des starken Individuums, das sich nur aus freiem Entschluss unterordnet und lediglich seinem Gewissen gehorcht: Solche Menschen „fällen ihr eigenes Urteil, sind unbequem für jedes Schema, lästig für jede, auch die fromme Vermassung und Entmündigung, aber sie sind bei sich, decken den Wechsel ihres Lebens mit ihrer eigenen Unterschrift und sind deshalb vollgültige Repräsentanten der Idee und vollwertige Träger der Wirklichkeit Mensch."[74] *(s. Text 3, S. 115)*

Auch Pater Delps Geschichtsphilosophie – zusammengefasst in seinem Manuskript *Der Mensch und die Geschichte* – liegt quer zur braunen Weltsicht. Zwar kann er im geheimnisvoll raunenden Stil der Zeit „Geschichte als Erfüllung versunkener oder verschwiegener Untergründe"[75] betrachten und das Individuum als eingebunden in Volk, Landschaft und Sippe: „Das Blut trägt uns die lebendige Verbundenheit und die ererbte Gleichartigkeit der Ahnen zu."[76] Aber der Mensch, wie er ihn sieht, ist seinem prägenden Erbe und dem Gang der Geschichte nicht hilflos ausgeliefert. Er kann Geschichte gestalten, den Lauf der Dinge beeinflussen, die Welt verändern – weil „die Welt nie fertig, sondern immer unterwegs ist".[77]

Delp ist kein Träumer – aber auch kein dumpf Schicksalsgläubiger: Der Mensch kann aus seiner Geschichte nicht aussteigen. „Jeder Versuch der Ungeschichtlichkeit ist ein Versuch, im luftleeren Raum zu atmen, d. h. falsch und gefährlich und tödlich."[78] Aber genauso gilt: „Der Mensch darf seine Freiheit nicht abgeben."[79] Denn damit gäbe er sich selbst aus der Hand und würde zum Objekt fremder Entscheidungen. „Die Freiheit des Einzelnen zu seinem Gewissen bleibt immer, wenn der Mensch groß genug ist."[80] Der Lauf der Geschichte ist oft zum Verzweifeln, Geschichte ist brutal, zerstörerisch, ungerecht – aber auch immer Ruf zur Bewährung, Einladung zum Handeln, Gelegenheit, Gott zu begegnen. Freiheit ist eine Last, eine Herausforderung, aber auch höchste Sehnsucht, höchstes Glück und zentrale Voraussetzung der Menschenwürde: „Brot ist wichtig, die Freiheit ist wichtiger […]."[81]

In dieser Verschmelzung von irdischer, „profaner" Geschichte und Heilsgeschichte liegt eine eigenständige Leistung des Theologen Delp. Allzu oft hat man beide strikt getrennt: hier der banale Lauf der Welt, dort das werdende Reich Gottes. Und Gott irgendwie als der große Zauberer über den Wolken, der den verzweifelten Bemühungen seiner Kinder in der Regel müde zuschaut und dann plötzlich zornig oder hilfreich dreinfährt.

Delp sieht das realistischer, dezenter: „Gott ist nur mittelbar in der Geschichte zu finden. [...] Gott ist nicht eine unmittelbar geschichtliche Macht in dem Sinne, daß er dauernd als ursächliche Kraft in den Ablauf der Geschehnisse eingriffe."[82] Aber „ein gottfreier Wirklichkeitsbereich"[83] ist die Geschichte deshalb noch lange nicht. Gott arbeitet in ihr durch die Menschen, die seine Absichten verwirklichen sollen, damit diese Erde mit ihren Tränen und zerschlagenen Hoffnungen endlich zum Haus Gottes wird.

Weil die Kreatur Bild Gottes sein soll, hat der Mensch die göttliche Wahrheit und Güte in der Welt zum Tragen zu bringen, als „Repräsentant des schöpferischen Gottes"[84]. „‚Gelegenheit zum Reich Gottes' bleibt die Geschichte immer."[85] Und der Mensch soll Geschichte nicht nur erleben und erleiden: „Der Mensch muß Geschichte machen."[86] So verschränken sich individuelle Lebensgeschichte, politische Historie, gesellschaftliche Entwicklung und übernatürliche Heilsgeschichte immer mehr zur Offenbarung eines schweigend präsenten Gottes.

Ein Autor im Untergrund

Natürlich darf er diese Manuskripte nicht veröffentlichen. Delps unbefangene Bitte um Aufnahme in die Reichsschrifttumskammer im Dezember 1940 – ohne dort Mitglied zu sein, gab es im Dritten Reich so gut wie keine Chance, gedruckt zu werden – hat hektische Aktivitäten ausgelöst. Sein Lebenslauf und der beigefügte Ariernachweis genügen nicht. Die Reichsschrifttumskammer mobilisiert die oberbayerische NSDAP-Gauleitung und diese die NSDAP-Ortsgruppe München-Ludwigstraße: Ob gegen Delps politische Zuverlässigkeit Bedenken bestünden?

Die Münchner geben eine erstaunlich freundliche Rückmeldung: Delp sei „ein netter, zuvorkommender Herr, aber über seine politische Gesinnung ist nichts zu erfahren." Die Gauleitung findet das wohl zu positiv, sie blafft lakonisch: „D. ist Ordenspriester der Jesuiten. Eine politische Beurteilung erübrigt sich daher." Während der Reichsminister für die kirchlichen Angelegenheiten, Hanns Kerrl, „keine Bedenken" hat und das von Goebbels geleitete Reichsministerium für Volksaufklärung und Propaganda diese Stellungnahme kommentarlos zur Kenntnis nimmt, warnt der Chef der Gestapo: „Ein positiver Einsatz Delps für den Nationalsozialismus kann nie erwartet werden."[87]

Inzwischen ist es November 1941 geworden. Der Präsident der Reichsschrifttumskammer hat sich mittlerweile elegant aus der Affäre gezogen und Delp in einem vorgefertigten Formular mitgeteilt: „Die Lage auf dem Papiermarkt macht augenblicklich die Herstellung von Verlagswerken auch in kleinstem Umfange unmöglich. Deshalb ist Ihr Antrag zur Zeit als gegenstandslos anzusehen. Ich stelle anheim, den Antrag nach Beendigung des Krieges zu wiederholen."[88]

Der rettende Engel heißt Joseph Rosse, Verleger im elsässischen Colmar. Weil ihn die Franzosen in ein Internierungslager gesteckt haben, halten ihn die 1940 im Elsass einmarschierenden Deutschen für einen Parteigänger der Nazis. Er darf in großem Umfang Druckaufträge annehmen, wird nur nachlässig kontrolliert, kann unter der Hand illegale Schriften vertreiben wie Reinhold Schneiders *Das Vaterunser* – oder eben Delps *Der Mensch und die Geschichte*, Ende 1943 in Colmar gedruckt. Das Pendant dazu, *Der Mensch vor sich selbst*, ist ebenfalls fertig gesetzt, kann aber auf Grund der chaotischen Zeitverhältnisse nicht mehr erscheinen.

Pater Delp ist mittlerweile in die Vorstadt München-Bogenhausen umgezogen. Der „Klostersturm", die gezielte Beschlagnahme von Abteien, Ordenshäusern und Ausbildungszentren durch die Gestapo und die Vertreibung ihrer Bewohner, hat im Frühjahr 1941 auch die bayerischen Niederlassungen der Jesuiten erreicht. Am 18. April, kurz vor dem Verbot der Zeitschrift, ist ein Gestapo-Trupp im Redaktionshaus der *Stimmen der Zeit* erschienen und hat die sofortige Räumung angeordnet; auf den Einspruch des Hausoberen wird gnädig eine Räumungsfrist von zwei Stunden gewährt. Die Begründung: Einer der Patres habe sich landesverräterisch betätigt. Rechtsmittel gibt es nicht.

Die Aktion ist eine späte Rache für einen Beitrag, den der Jesuitenschriftsteller Peter Lippert vor sechs Jahren, im November 1935, in den *Stimmen der Zeit* veröffentlicht hat und der damals bereits Anlass für ein mehrmonatiges Verbot der Zeitschrift gewesen ist. Lippert hatte die Gewaltherrschaft der Nazis „mit dem Drill, den man einem Tiere beibringt", verglichen und bemerkt, die großen Gewalthaber fühlten genau, dass ihre Macht bald zu Ende sein könne und nicht in die Tiefe des Lebens reiche. „Darum versuchen sie so leidenschaftlich, schließlich sogar in das heimliche Denken und das innere Wollen der Menschen einzugreifen, es zu bestimmen, ja zu befehlen."[89]

In aller Eile müssen die Bewohner des Redaktionsgebäudes in verschiedene Münchener Pfarrhäuser und Klöster umziehen. Delp findet in Bogenhausen eine Bleibe und wird zum Rektor der dortigen St. Georgs-Kirche ernannt; die meisten

St. Georg in München-Bogenhausen

seiner Bücher hat er in einer Vorahnung schon bei einem guten Freund untergestellt.

Kritik an einer „anmaßenden" Kirche

An dem hübschen Barockkirchlein St. Georg, das zur Pfarrei Heilig Blut gehört, ist der Herr Rektor Delp sozusagen nur Aushilfspriester. Er hat viel Zeit, Einkehrtage zu veranstalten, zu Tagungen und Vorträgen bis nach Hamburg, Königsberg und Wien zu fahren, an einem Manuskript über eine neue Wirtschaftsverfassung unter dem Stichwort „personaler Sozialismus" zu arbeiten – und sich in der deutschlandweiten Männerseelsorge zu engagieren. Er nimmt starken Einfluss auf deren Zentralstelle in Fulda, die von den Bischöfen eingerichtet worden ist, und steht auch mit der Katholischen Arbeiterbewegung in Kontakt.

Delps großes Anliegen: Die Christen sollen Gott in ihrer alltäglichen Umgebung sichtbar machen, glaubwürdig und überzeugend. Selbst zu neuen Menschen geworden, sollen sie der aus den Fugen geratenen Zeit die verlorene Mitte wiedergeben. „Ihr seid die neuen Kirchenmänner, die neuen Apostel“[90], ruft er den Laien zu, die dort hinkommen, wo man keinem Priester mehr zuhört. Sie sollen die Sehnsucht der Menschen nach Werten, nach Lebenssinn und ihre Bereitschaft zum Einsatz aufnehmen und mit den ewigen Wahrheiten konfrontieren: „Tatsache ist, sie marschieren, sie arbeiten, sie opfern, sie bieten sich an für Dinge, deren Sinn sie übersteigt, für Dinge, die über sie hinausgehen, für Mittelpunkte, die außerhalb des eigenen Kreises liegen.“[91]

In seinen Referaten und Diskussionsbeiträgen bei den Männerseelsorgern wird Delp in den kommenden Jahren einen hartnäckigen Kampf gegen das tief eingewurzelte christliche Misstrauen der Welt gegenüber führen und – sein Lieblingsthema – vor der Emigration aus der Geschichte warnen. „Christus kam nicht als Fremdling in die Welt. Er ist einer von uns geworden“, gibt er 1942 zu bedenken. „Er ist nicht nur Erlöser der Einzelnen; er ist da als die Mitte, die Vollendung des Kosmos, der Gesamtwirklichkeit. [...] Es ist verantwortungslos, nur dem Einzelnen nachgehen zu wollen und nicht auch die Umwelt umzugestalten. Wir haben eine Welt zu bauen und in sie hinein auch die Ordnung der Völker und Staaten.“[92] Denn was helfen Religion und fromme Innerlichkeit, wenn der Mensch vor die Hunde geht? Delps Sprache hat erheblich an Schärfe und Eindeutigkeit gewonnen: In der Zwickmühle zwischen bindungsscheuem Individualismus und dem Bolschewismus, der den Einzelmenschen total dem Kollektiv unterwerfe, zeige sich, „daß ‚rein religiöse‘ Lösungen sehr oft keine Lösungen sind. […] Man wird uns die Botschaft vom Heile nicht glauben, wenn wir nicht alles tun für die Heilung des gegenwärtigen Lebens und Menschen.“[93] Und: „Was helfen uns alle Proteste und alle Einsätze um spezifisch christliche oder kirchliche Eigentümlichkeiten, wenn vor unseren Augen der Mensch entwürdigt wird und auf eine Stufe des Daseins herabgedrückt wird oder herabsinkt, auf der es ihm unmöglich ist, christliches Leben und christliche Ordnungen zu vollziehen?“[94]

In seiner Sehnsucht nach einem Christentum, das am Elend der Welt nicht mit frommem Augenaufschlag vorübergeht, zeigt sich der Ordenspriester Delp unerbittlich kritisch gegenüber dem eigenen Lager. Er polemisiert gegen Christen, die ihre Religion mit bürgerlicher Wohlanständigkeit verwechseln und sich vom Evangelium nicht aufschrecken lassen wollen. Wenn er mit Vorliebe vom „Herrgott“ redet, dann bedient er sich weniger der süddeutschen Sprache intimer Frömmigkeit, sondern setzt bewusst die Majestät eines unmanipulierbaren Weltenschöpfers gegen die Bürgerreligion, die sich den gerade herrschenden Verhältnissen anpasst und den lieben Gott einen guten Mann sein lässt. „Den Rebellen kann man noch zum Menschen machen, den Spießer und das Genießerchen nicht mehr.“[95] Und den Spießergott nicht zum Herrn des Himmels, vor dem alle irdischen Machthaber bloß aufgeblasene Zwerge sind, könnte man hinzusetzen.

Längst sei das Leben gottlos geworden: leer von Gott, ihm jeden praktischen Anspruch verweigernd. „Wir sind nicht nur Gottes nicht mehr teilhaft, wir sind nicht nur Gottes nicht mehr willig und bedürftig, wir sind Gottes nicht mehr fähig.“[96] *(s. Text 6, S. 120)* Doch „gottesfähig“, „religionsfähig“ könne der Mensch nur dann wieder werden, den Anruf Gottes werde er nur dann wieder hören, wenn er nicht mehr in inhumanen, menschenunwürdigen Verhältnissen leben müsse.

Die „Erziehung zu Gott" habe eine scheinbar banale Voraussetzung: „Erst die Bemühung um eine Ordnung und Verfassung des Lebens, in der ein Blick auf Gott für den Menschen nicht mehr eine übermenschliche Anstrengung bedeutet. Die Mühe um eine Verfassung des Daseins, in der das Menschenherz auch in seinen Sehnsüchten wieder gesund wird und so unruhig in jener heiligen Unruhe, die erst in Gott zu sich kommt und deshalb auch Gott wieder meint. [...] Alle die direkten religiösen Bemühungen halte ich in der gegenwärtigen geschichtlichen Stunde für ohne dauerhafte Fruchtbarkeit. Solange der Mensch an der Straße liegt, blutig geschlagen und ausgeplündert, wird ihm der Nächste und damit der Zuständigste sein, der sich seiner annimmt und ihn beherbergt, nicht aber einer, der zum ‚heiligen Dienst' vorbeigeht, weil er hier nicht zuständig ist."[97] Jeder kennt das Gleichnis von dem unter die Räuber gefallenen Mann an der Straße von Jerusalem nach Jericho, auf das Delp hier anspielt: Die Tempeldiener lassen ihn liegen, sie haben es eilig; nur der verachtete Samariter leistet Hilfe.

„Wir sind Missionsland geworden"[98], heißt die These von Delps Aufsehen erregender Rede bei der Herbstkonferenz der Katholischen Männerarbeit in Fulda 1941. Auf ausdrücklichen Wunsch seines Provinzials Augustin Rösch spricht er über den Vertrauensverlust der katholischen Kirchenführung unter den gegenwärtigen Verhältnissen; ein heikles Thema, das er in Anwesenheit mehrerer Bischöfe bravourös bewältigt. Rösch bescheinigt ihm danach eine „sehr taktvolle, aber ungemein offene Gewissenserforschung"[99].

Statt dem desorientierten, ungeborgenen Menschen der Gegenwart, an dessen Horizont „keine ewigen Sterne mehr"[100] aufgingen, Halt zu geben und Mut zu machen, kapselt sich die Kirche laut Delp viel zu oft ein, misstraut den schöpferischen Kräften, reagiert nur negativ auf neue Ansätze.

„Wir bleiben ‚bei uns' und ‚unter uns'. [...] Uns fehlt irgendwie der große Mut, der nicht aus dem Blutdruck oder der Jugendlichkeit oder ungebrochener Vitalität, sondern aus dem Besitz des Geistes und dem Bewußtsein des Segens, der uns zuteil geworden ist, kommt."[101] Aber statt Verantwortungsfreude und lebendigen Meinungsaustausch unter den Christen zu fördern, setze die Kirche auf die Ausführung von Befehlen.

Es klingt wie ein Vorgriff auf die bittere Analyse, die er zwei Jahre später in München liefert, auf einer Konferenz der bischöflichen Behörden Bayerns: Wo es einen geistigen Aufbruch gebe, vollziehe er sich an den Kirchen vorbei. Auch nach dem Krieg werde es keine „Massenrückwanderung zur Kirche" geben: „Man wird wieder um den einzelnen Menschen werben müssen."[102] Wie ein Vorgriff auch auf die Kritik, die er noch ein Jahr später aus der Todeszelle heraus äußern wird: Der moderne Mensch sei überaus empfindlich gegen jede Form der „Anmaßung" und gegen die „Schlamperei und Sudelei, mit denen wir in der Kirche unsere ‚Funktionen' im weitesten Sinn des Wortes verrichten"[103].

Die Menschen reagierten ja nicht bloß deshalb allergisch oder feindlich auf die Kirche, weil sie glaubenslos seien oder den Anspruch Gottes scheuten, sondern „weil wir das Werk und das Wort Gottes in Mißkredit bringen"[104]. Dieses Werk Gottes sei Menschenhänden anvertraut, was eine große Gnade sei, aber eben auch Anlass zum Scheitern und zur institutionskritischen Gewissenserforschung unter dem Kreuz: „Ist die Kirche [...] nicht dauernd in Gefahr, eine Kirche der Selbstgenügsamkeit zu werden, die ihre Gesetze und Büros und Verordnungen, ihre Klugheit und Taktik hat, ihren Bestand wahrt, von ihrer Vorsicht überzeugt ist? Und damit zugleich eine Kirche der splendid isolation zu werden, der beziehungslosen Oasenhaftigkeit […]? Woher kommt diese Geschiedenheit zwischen dem Leben und uns? Warum haben wir dem Leben nichts zu sagen oder besser, da wir was zu sagen haben, warum sagen wir ihm nichts?“[105]

Die Glaubensbeamten und der Heilige Geist

Gar nicht so merkwürdig, dass die Kritik des Jesuiten an der selbstgenügsamen Bürokratenkirche im Gefängnis ihre schärfste Form erhält. Denn der Todeskandidat Delp hat nichts mehr zu verlieren und keine Repressalien eines gekränkten Ordensoberen oder Bischofs zu fürchten. Im engen Zellenraum reinigt sich sein Glaube immer mehr von äußeren Ritualen und überkommenen Rücksichten, gewinnt Delp eine unmittelbare Christusbeziehung, die ihm einen unverstellten Blick auf die Glaubensgemeinschaft ermöglicht, wie Jesus von Nazaret sie sich vorgestellt haben mag – und wie sie in der von Rom, Wittenberg oder Genf gesteuerten schwerfälligen Großinstitution namens Kirche noch nicht annähernd verwirklicht ist.

All die bürgerlichen „Ideale der menschlichen Schwäche: Besitz, Macht, gepflegtes Dasein, gesicherte Lebensweise“[106] seien nirgendwo so fehl am Platz wie im kirchlichen Raum, sinniert der Häftling Delp und interpretiert die Wunden, die der nationalsozialistische Kirchenkampf der Institution geschlagen hat, als reinigende Operation: Alle Aufrufe zu lebendigem, persönlich gewagtem, menschlich authentischem Christentum seien hier vergeblich gewesen, „bis der Herrgott auch die Sichtbarkeiten und Sicherheiten der Kirche unter das Gericht von Bruch und Feuer rief. ‚Keiner durchschreite die Glut ohne Verwandlung.‘ Und wenn wir hundert Tore hinter uns haben und alle Brücken hinter uns verbrannt sind, dann haben wir vielleicht eine Ahnung von der Weite, der man verschworen sein muß, wenn man den Namen Gottes in den Mund nehmen will."[107]

Die Mächtigen aus Rom und Jerusalem hätten an der Krippe gefehlt, schreibt Delp in einer Meditation zum letzten Weihnachtsfest, das er erleben darf, die Besitzenden, die Gelehrten – aber auch die amtlichen Vertreter der Kirche, die damals Synagoge hieß *(s. Text 9, S. 128)*. „O daß dies doch nur Geschichte und abschreckendes Beispiel wäre! Aber es ist Wirklichkeit. [...] Die Ämter der Kirche sind innerlich vom Geist geführt und verbürgt. Aber die Amtsstuben! Und die verbeamteten Repräsentanten. Und die so unerschütterlich-sicheren ‚Gläubigen'! Sie glauben an alles, an jede Zeremonie und jeden Brauch, nur nicht an den lebendigen Gott. [...] Im Namen Gottes? Nein, im Namen der Ruhe, des Herkommens, des Gewöhnlichen, des Bequemen, des Ungefährlichen. Eigentlich im Namen des Bürgers, der das ungeeignetste Organ des Heiligen Geistes ist."[108]

Statt Ehrfurcht und Autorität einzufordern, habe die Kirche zunächst einmal ganz nüchtern festzustellen, dass ihre Idee nicht zu den führenden und gestaltenden Kräften des Jahrhunderts gehöre. Und dann solle sie sich, bescheiden und bereit zum Dienen, den brennenden Fragen des Menschen stellen: „Der Mensch außen, zu dem wir keinen Weg mehr haben und der uns nicht mehr glaubt. Und der Mensch innen, der sich selbst nicht glaubt, weil er zu wenig Liebe erlebt und gelebt hat. Man soll deshalb keine großen Reformreden halten und keine großen Reformprogramme entwerfen, sondern sich an die Bildung der christlichen Personalität begeben und zugleich sich rüsten, der ungeheuren Not des Menschen helfend und heilend zu begegnen. [...] Die Kirche muß sich selbst viel mehr

Alfred Delp (l.) mit Lothar König, seinem Mitbruder aus dem „Kreisauer Kreis"

als Sakrament, als Weg und Mittel begreifen, nicht als Ziel und Ende."[109]

Delp zeichnet bereits das Bild einer sich nicht als Selbstzweck verstehenden, sondern diakonischen, inspirierenden Kirche, wie es sich spätestens auf dem Zweiten Vatikanischen Konzil zwei Jahrzehnte nach seinem Tod unter Theologen und Bischöfen durchgesetzt hat. Es gehe nicht um Machtpositionen, so sein beschwörender Appell aus der Todeszelle heraus, den man als Testament lesen darf. „Der europäische Mensch verträgt die nächsten hundert Jahre keine Bündnisse zwischen Thronen irgendwelcher Art und den Altären. Es muß um den Menschen gehen, der an der Straße liegt […]"[110]. Das sei die alles entscheidende Frage: „ob wir Christen fähig und willens sind, uns schützend nicht nur vor den Christen, sondern vor die Kreatur zu stellen. Der Christ stirbt mit dem Menschen und alles stirbt mit dem Menschen."[111]

Prophetisch klingt so eine Predigt wie die an Mariä Lichtmess 1941, wo er die Symbolik der sich still verzehrenden Kerze ausdeutet und auf die Kirche überträgt: Er nennt „das Geschicktsein, das Verpflichtetsein, zu leuchten, zu werben, zu suchen, zu heilen, Gutes zu tun auf Kosten der eigenen Substanz; daß man nicht gleichsam fett werden will an seinem Christentum, daß man wirklich diesen Dienst und diese Verantwortung begreift.“[112] Sehr viel nüchterner wirkt ein Statement des Kreisauer Kreises, das unverkennbar Delps Handschrift trägt: Die Menschen erwarteten von den Kirchen „nicht nur ein Eintreten für rein kirchlich-konfessionelle, kirchenrechtliche oder christlich-übernatürliche Belange, sondern vor allem die Verteidigung des Menschen als Menschen“[113].

Im Schlosseranzug auf der Suche nach Bombenopfern

In der Nacht vom 2. zum 3. Oktober 1942 kracht eine von englischen Bombern abgeworfene Luftmine auf das Haus der Familie Graßl in Bogenhausen. Das Gebäude wird bis auf die Grundmauern zerstört, die Bewohner liegen stundenlang unter dem rauchenden Schutt begraben. Luftschutz und Feuerwehr glauben, es sei nichts mehr zu tun, „die sind doch alle tot“, wird sich Ida Graßl 1970 erinnern.

„Pater Delp mit seinen Helfern kam vorbei und fing an zu graben. Unsere älteste Tochter mit 19 Jahren war leider schon erstickt, aber wir anderen wurden, wenn auch schwer verletzt, dank der Bemühungen von Pater Delp in den Morgenstunden des 3. Oktober gerettet.“[114] Womit sich der beherzte Jesuit einen Rüffel des Luftschutzkommandos einhandelte: Er habe Feuerwehrleute herumkommandiert, obwohl er als Pfaffe doch überhaupt nichts zu sagen habe!

Die Bogenhausener erinnerten sich nach dem Krieg nicht nur an einen begnadeten Prediger Alfred Delp, sondern auch an einen unerschrockenen Katastrophenhelfer, den man nur noch im Schlosseranzug sah. Nach den häufigen schweren Bombenangriffen auf München lief er, oft ohne die Entwarnungssirene abzuwarten, durch die getroffenen Straßen, trommelte ein paar kräftige Männer zusammen und suchte unter den Trümmern nach Verschütteten. Technisch und handwerklich talentiert, vermochte er kaputte Fenster und Türen zu sichern und zerstörte Leitungen zu reparieren. Für die Obdachlosen organisierte er Notunterkünfte.

An den vom Regime prophezeiten „Endsieg" glaubte damals keiner mehr. Den ersten Luftangriff auf München-Sendling Ende August 1942 (144 Opfer) hatte die Parteileitung noch schamhaft totschweigen können. Doch die Bomber kamen noch mehr als siebzigmal, in Großverbänden von bis zu zweitausend Flugzeugen. Beim schlimmsten Angriff Ende April 1944 verwandelten 25 000 Phosphorbomben und mehr als eine halbe Million Stabbrandbomben die Stadt in ein Flammenmeer. Viele Geschäfte und Hotels waren längst geschlossen, das weibliche Personal wurde in der Rüstungsindustrie benötigt.

Delp biss die Zähne zusammen, versuchte in seinem persönlichen Umfeld Sorgen mitzutragen und zu trösten. Als seine Schwester Greta im Oktober 1941 Witwe wurde – ihr Mann, mit dem sie vier Jahre verheiratet war, fiel auf der Krim –, schrieb er ihr einigermaßen hilflos, „ihr müßt die Menschen mit den starken Herzen werden […]. Nicht verbluten an den Wunden, die wir spüren, sondern immer wacher werden daran und immer entschlossener."[115] Aber Freunden vertraute er bitter an, als er seine Schwester als junge Witwe wieder getroffen habe, „da mußte ich schon Fäuste um mein Herz legen."[116] –

„Es ist hart, mit 27 Jahren Witwe, an der einen Hand das Kind, die andere bleibt leer."[117]

Von zerbombten Häusern und zerstörten Menschenleben sprach Delp auch auf den Münchener Kanzeln von St. Georg, Heilig Blut und St. Michael, wo er in diesen Jahren mehrere hundert Predigten hielt. Treue Hörer haben viele von ihnen mitstenografiert und in Abschriften weitergegeben, deshalb sind uns so viele erhalten. Delp wusste, was die Stunde geschlagen hatte: „Es wird mit dem Herzblut der Völker gewürfelt um das kommende Antlitz der Erde."[118] Wenn vor der Kirchentür der Tod regiert, flüchten sich Prediger gern in fromme Allgemeinplätze und reden vom Himmel, wo alles gut wird – zumal, wenn Spitzel unter der Kanzel sitzen und auf verbotene Kritik lauern.

Pater Delp blieb im Diesseits. Er klammerte die blutige Realität nicht aus, verzichtete aber auf Schuldzuweisungen – bloß nicht „unseren Gott zu einem Rachegott machen"[119]! – und ermunterte lieber dazu, aus den schrecklichen Vorgängen zu lernen. Als er durch die Straßen des zerbombten Mainz gegangen sei und nur „Trümmer und Trümmer" gesehen habe, da sei er „nicht mehr Menschen billiger Sprüche und Begeisterung" begegnet, sondern Menschen, die gelernt hätten: So lange nicht Gott als der absolute Herr anerkannt und geliebt werde, „werden Menschen sich töten und vernichten müssen; weil jeder ein anderes für das höchste Gebot und den höchsten Wert und die höchste Liebe hält. So lange wird die Welt nicht mehr in Ordnung sein und nicht mehr in Ordnung kommen, bis diese Hierarchie der Werte wieder hergestellt ist [...] und wir wieder fühlen und schmecken, bevor man es uns sagt, wo die Dinge verschoben sind und verrückt."[120]

Immer wieder bemüht er sich in diesen Predigten, die beiden Realitäten zusammenzubringen: die Verantwortung für die Welt und die Verwurzelung im Ewigen. „Der Herr hat uns die Unruhe und die Verantwortung ins Herz hineingebrannt und man verrät den Himmel, wenn man die Erde nicht liebt und man verrät die Erde, wenn man nicht an den Himmel glaubt, weil man dann der Erde Gewalt antut und nicht mit segnenden, helfenden Händen zu ihr kommt."[121] Gott als tragende Mitte rettet den verlorenen Menschen, diese Botschaft zieht sich seit seiner Heidegger-Kritik wie ein roter Faden durch Delps Äußerungen. Nur mit Gott kann der Mensch wirklich Mensch sein, „wenn er weiß, daß er vom Erbarmen, von der Gnade her lebt und nicht aus irgendeiner Verliebtheit zu sich selbst."[122]

Menschenwürde heißt eines seiner Lieblingsthemen, sauber theologisch begründet mit der Fleischwerdung Gottes in Jesus Christus: „Er, der in Menschengestalt erschien und dieses ‚Es gibt ein Unantastbares' an alle Firmamente der Geschichte schrieb. […] Gottes Sohn hat Menschengestalt und Menschenantlitz getragen." Aus diesem Grund dürfe der Mensch nicht als „Dutzendware" behandelt werden, „wenn er sich auch noch so schäbig vorstellt."[123]

Dass diese Ansprachen für uns heute arg pathetisch und nach großen Parolen klingen, liegt am Stil der Zeit. Die erhaltenen Texte bezeugen, wie nahe der Prediger an den Alltagsproblemen seiner Zuhörer zu bleiben suchte. Etwa wenn er über Glück und Last der Ehe sprach – realistisch, mitfühlend, aber auch so zurückhaltend, wie es einem Zölibatär gut ansteht: „Warum ist unsere Liebe auch unsere Not? Und woran stirbt unsere Liebe?" Eheliche Partnerschaft, das sei oft genug die Geschichte der „müde und stumpf" gewordenen Hoffnungen, „die Geschichte der müden Herzen und der versorgten Menschen und der getäuschten und enttäuschten Geister und der innerlich mutlos gewordenen Liebe […], die Geschichte der zerbrochenen Ringe, die Geschichte der gebrochenen Treue, die Geschichte von der Not und Sorge und von dem engen Raum, die Geschichte von der Last des unwillkommenen und überzähligen Kindes."[124]

Behutsam versucht Pater Delp eine Analyse der typischen Eheprobleme: Oft werde vergessen, „daß eine Liebe nie fertig ist, sondern jeden Tag neu begonnen werden muß"[125], dass Liebe nicht bedeute, einen Menschen „in sich hineinzureißen, um ihn gleichsam auszusaugen [...], sondern den andern wachsen zu lassen und an ihm zu wachsen"[126]. Der Partner werde idealisiert und gleichzeitig zum Objekt der eigenen Wunschträume degradiert, statt ihn in seiner Fehlbarkeit und Eigenständigkeit wahrzunehmen. Christen hätten diese Probleme wie alle anderen Menschen auch – aber vielleicht mehr Kraft, Situationen durchzustehen, „in denen die Treue über das Glück geht"[127], und im Angesicht Gottes eine tiefere Klarheit der Entscheidung. Bekenntnis zum anderen „nicht aus irgendeiner Wallung und Wildheit heraus"[128], sondern nüchtern und entschlossen.

Es verwundert nicht, dass die Bogenhausener gern in Delps Seelsorgestunden – eine Art Glaubensseminar unter Umgehung der offiziellen Verbote – und Bibelkreise kamen. Da war ein Mensch, der beeindruckend viel Ahnung von Theologie und Schrifterklärung hatte und dennoch nicht über den Wolken schwebte.

Fluchthelfer für Juden

Immer virtuoser beherrscht Delp die Kunst, verbotene Wahrheiten in Andeutungen, Bildern, Zitaten, banal klingenden Phrasen so auszusprechen, dass der wache Hörer genau weiß, was gemeint ist, die Gestapo-Spitzel aber keine Handhabe finden, den Prediger festzunageln und hinter Gitter zu bringen. „Verwechseln Sie nicht Herrlichkeit mit irgendeinem Popanz, mit Tand und Lüge“, ruft er am Festtag der Heiligen Drei Könige von der Kanzel und fügt hintergründig hinzu, ein wirkliches Imperium strahle von innen heraus, in echter Würde, und die exotischen Könige aus der Weihnachtsgeschichte hätten vor der Krippe begriffen: „da heißt es für alle irdische Macht abzudanken“[129].

Das scheinbar völlig unpolitische Herz-Jesu-Fest gibt ihm Gelegenheit, gegen die erbarmungslose Blut-und-Boden-Religion der Nazis das zärtliche Mitleid Gottes mit der geschundenen Kreatur zu setzen: Hinter der christlichen Verehrung des Erlöserbluts „steht nicht irgendein Blutmythos, eine Phantasie, eine Abgründigkeit des Daseins, dahinter steht dieses eine: daß nicht nur als Symbol, sondern als Realität in der Mitte unseres Lebens und der Mitte unseres Glaubens ein verwundetes Menschenherz schlägt, das gebrochene Herz des Gottmenschen.“[130]

Die auch in Nazi-Deutschland als Urbild weiblicher Dienstbereitschaft geschätzte heilige Elisabeth schildert er als Gegenfigur zum brutalen Herrenmenschentum: „Sie hat die Macht an das Recht gebunden.“[131] Und während sich das Regime anschickt, „lebensunwertes“, unproduktives Leben auszumerzen, singt Delp das Loblied einer von Liebe und Solidarität geprägten Gegenwelt zur „Kraft-durch-Freude“-Generation: „Was da um Elisabeth sich sammelte, das waren nicht die Menschen mit dem klingenden Schritt, das waren nicht die Menschen mit den blitzenden Augen und den gestrafften Rücken, das waren nicht die Menschen der großen Positionen, das waren die Krüppel und die Kranken und die Bresthaften und die Armen und die Verstoßenen des Lebens und des Daseins, die von den Landstraßen, von den Zäunen, aus den Asylen, die Verlaufenen und Hilflosen.“ Und sollte jemand den Hintersinn noch nicht begriffen haben: Jeder sei aufgerufen, „die Kreatur zu schützen vor allem, was sie zertreten könnte."[132] Denn mit jedem gequälten Menschen werde ein Bild Gottes geschändet.

Es gab freilich auch jene Momente, wo der des Krieges überdrüssige, über die freche Willkür empörte, vom primitiven Schwulst der Propaganda angeekelte Prediger jede Vorsicht vergaß und Klartext redete. Etwa am 23. November 1941, als er hinter all den „Programmen und Proklamationen von tausendjährigen Reichen"[133] die schlimmste mögliche „Täuschung" und „Verirrung" ausmachte, die Illusion nämlich, sich das Paradies zurückholen zu können. „Der falsche Messias wird erscheinen und die falsche Botschaft wird gesprochen werden und das falsche Zeichen und das unechte Wunder wird geschehen, damit der Mensch lerne, auch auf dieses nicht zu vertrauen, sondern das Letzte, die letzte Frage und die letzte Belastung aushalte. Meine Worte aber bleiben in Ewigkeit."[134] Die Ohrfeige für Hitler, der ständig vom „Tausendjährigen Reich" schwadronierte und in Schullesebüchern und pseudoreligiösen Weihestunden als Erlöser gefeiert wurde, hatte er notdürftig in biblische Redewendungen verpackt.

Frontal und eindeutig auch Delps Kritik an Wolfgang Liebeneiners Problemfilm „Ich klage an", der an einem tragischen Menschenschicksal die Tötung unheilbar Kranker als Werk der Barmherzigkeit vorexerzierte. Für Delp war die vermeintliche Liebestat schlicht „Flucht [...] vor der Härte des Lebens, Flucht vor der Härte der Liebe und der Gemeinschaft [...]. Die Gemeinschaft hat sich selber gründlich mißverstanden, die dann den Menschen abschiebt und abschieben darf und will und möchte, wenn er nicht mehr als gleich schönes oder gleich nützliches Glied herumläuft. [...] Nehmt den Menschen die Fähigkeit, ihre Kranken pflegen und heilen zu können, ihr macht aus den Menschen ein Raubtier, ein egoistisches Raubtier, das wirklich nur noch sein schönes Dasein kennt."[135]

Anders als viele christliche Widerständler damals protestierte Alfred Delp nicht nur, wenn kirchliche Belange bedroht waren, die Rechte der Kirche, die katholische Lehre. Er ermunterte Mütter und Schüler dazu, die auf Veranlassung des Ministers für Unterricht und Kultus, Gauleiter Adolf Wagner, entfernten Kreuze in Münchener Schulzimmern wieder aufzuhängen. Was Wagner zu einer wutschäumenden Attacke auf die „Brut von Bogenhausen“[136] veranlasste. Aber Delp unterstützte und versteckte auch verfolgte Juden. Er beschaffte ihnen Geld und Lebensmittelkarten, half einer Familie Ledermann aus Berlin und anderen, in einem oberbayerischen Jugendheim unterzutauchen, und kundschaftete zusammen mit seiner Sekretärin abenteuerliche Fluchtwege aus. Etwa die Möglichkeit, im österreichischen Feldkirch – dort kannte er sich gut aus – auf einen langsam fahrenden Güterzug aufzuspringen.

Der Jesuit Delp dachte ähnlich wie der protestantische Pastor und Verschwörer Dietrich Bonhoeffer mit dessen in den theologischen Zitatenschatz eingegangenen Ausspruch, wer nicht für die Juden schreie, der dürfe auch nicht gregorianisch singen[137]. Genauso Delp 1941 in seiner Fuldaer Rede vor Männerseelsorgern: „Die Kirche hat in diesen Tagen die ungeheure Chance, sich dem Gedächtnis der Kreatur unverlierbar einzuprägen, wenn und weil sie die mutige Verteidigerin der bedrohten Kreatur war, und es wäre falsch, dies zu sehen unter dem Gesichtspunkt der zukünftigen taktischen Vorteile. Die Bindung an diese Aufgaben ist eine Bindung aus der Verantwortlichkeit, die wir dafür tragen, daß das Antlitz Gottes in der Kreatur bleibe.“[138]

4. Konspiration

Der Priester Delp lässt sich das eigene Denken nicht austreiben

„Ach, wenn man der Weltgeschichte doch Beine machen könnte"[139]

Im Frühjahr 1942 begegnete Alfred Delp in Berlin dem Grafen Helmuth James von Moltke, der einen in der christlichen Soziallehre sattelfesten Soziologen für seinen Kreisauer Kreis suchte. Diese Gruppierung hatte ihren merkwürdigen Namen von der Gestapo erhalten – nach Moltkes Geburtsort, Gut Kreisau bei Schweidnitz in Schlesien, abgeschieden inmitten von Wäldern und Feldern gelegen. Es war eine ausgesprochen zukunftsorientierte Widerstandsbewegung, mehr Denkfabrik als Schulungsstätte für Partisanen.[140]

Die Kreisauer druckten keine Flugblätter und lernten nicht schießen, sie entwickelten Modelle für einen Neuaufbau Deutschlands nach dem ersehnten Kriegsende. Und galten damit automatisch als Hochverräter. Denn von einem Deutschland ohne „Führer" und Nazi-Partei zu träumen, war ebenso verboten, wie Zweifel am „Endsieg" der deutschen Truppen zu nähren. „Wir haben nur gedacht", resümierte Graf Moltke nach dem Todesurteil, „wir werden gehenkt, weil wir zusammen gedacht haben."[141] Bei den Treffen des Kreises wurden weniger Pläne für den Umsturz geschmiedet als Vorstellungen für die Zeit nach dem „Tag X" entwickelt. Eine Rückkehr zu den

Alfred Delp an der Stella Matutina in Feldkirch

alten politischen Modellen schien nach dem Misserfolg der Weimarer Republik unmöglich; man musste etwas völlig Neues entwickeln – auf der Basis der alten, von den Nazis zertretenen Ideale. Das hieß Achtung der Menschenwürde, Wiederherstellung der Rechtssicherheit, Anerkennung der Freiheitsrechte des Individuums, Kontrolle staatlicher Macht. Persönliche Verantwortung statt Herrschaft einer Partei. Staatsaufbau von unten statt des von oben gesteuerten totalitären Apparats.

Zum Kreis gehörten Gewerkschafter und Ordensleute, adelige Grundbesitzer und Sozialdemokraten, Offiziere und Pastoren der „Bekennenden Kirche", Juristen und Finanzexperten. Die geistigen Wurzeln waren vielfältig: Jugendbewegung, katholische Soziallehre, religiöser Sozialismus. Man hat die Kreisauer als eine Art „Große Koalition" bezeichnet, als Zusammenschluss von Menschen unterschiedlicher sozialer und politischer Herkunft, geeint durch die Gewissensentscheidung gegen den Nazismus, eine christliche Grundüberzeugung und die Sehnsucht nach einer freiheitlichen, aber an Werte gebundenen Gesellschaft.

Wie andere Widerstandsgruppen auch, überwanden die Kreisauer alte Frontstellungen und ideologische Gegensätze und fanden zu überraschenden Aktionsbündnissen: Als man über ein Symbol diskutierte, das sich schnell mit Kreide an Hauswände malen ließ und die gemeinsame Vision der unterschiedlichen Regimegegner auszudrücken vermochte, kam man auf die Verbindung von christlichem Kreuz und sozialistischem Ring.

Eine Denkfabrik des Widerstands

Dass Alfred Delp zu der Gruppe stieß, war der ausdrückliche Wunsch des Jesuitenprovinzials Augustin Rösch, der schon

1935 in Konflikt mit der Gestapo geriet, weil er seinem Münchener Mitbruder Rupert Mayer, Männerseelsorger und einer der entschiedensten Nazi-Gegner, Rückendeckung gab. Später spielte Rösch eine wichtige Rolle im Ausschuss für Ordensangelegenheiten, einem Zusammenschluss von Ordensoberen, der die deutschen Bischöfe auf einen härteren Kurs gegen den Nationalsozialismus brachte. In abenteuerlichen Verkleidungen war er als Kurier unterwegs. Auf der Flucht vor der Gestapo wurde Rösch 1945 verhaftet und ins Gefängnis Berlin-Moabit gebracht; zum Prozess kam es nicht mehr. Nach dem Krieg baute er die Caritas in Bayern auf.

Rösch war ein Praktiker und kein Intellektueller. Er dachte erheblich altmodischer als Delp und hatte als Rektor des Kollegs Stella Matutina manchen Strauß mit dem impulsiven, selbstbewussten Jugenderzieher ausgefochten, dessen Talente er gleichwohl anerkannte. 1941 hielt er sich in Berlin auf, um beim Oberkommando der Wehrmacht gegen die Entlassung sämtlicher Jesuiten als „wehrunwürdig" aus der Armee zu protestieren. Dabei kam er in Kontakt zum Grafen Moltke, der ihn für den Kreisauer Kreis gewann und im Lauf der Zeit von Rösch weitere Mitglieder des Jesuitenordens vermittelt bekam.

Darunter Pater Delp, denn Moltke suchte laut Rösch ausdrücklich „einen Soziologen, mit dem er vor allem die Arbeiterfrage und die Frage der Wiederverchristlichung der deutschen Arbeiterwelt besprechen könne"[142]. Der preußische Protestant Moltke und der Katholik Delp verstanden sich offenbar auf Anhieb. Moltke, ein hochgebildeter Kosmopolit mit einer sarkastischen, bisweilen etwas arroganten Art, hatte als Anwalt für Völkerrecht und Internationales Privatrecht in Berlin gearbeitet und dabei häufig die Angelegenheiten ausgewanderter Juden vertreten. Als Mussolini die Reichshauptstadt besuchte, weigerte sich Moltke, die Hakenkreuzfahne zu hissen.

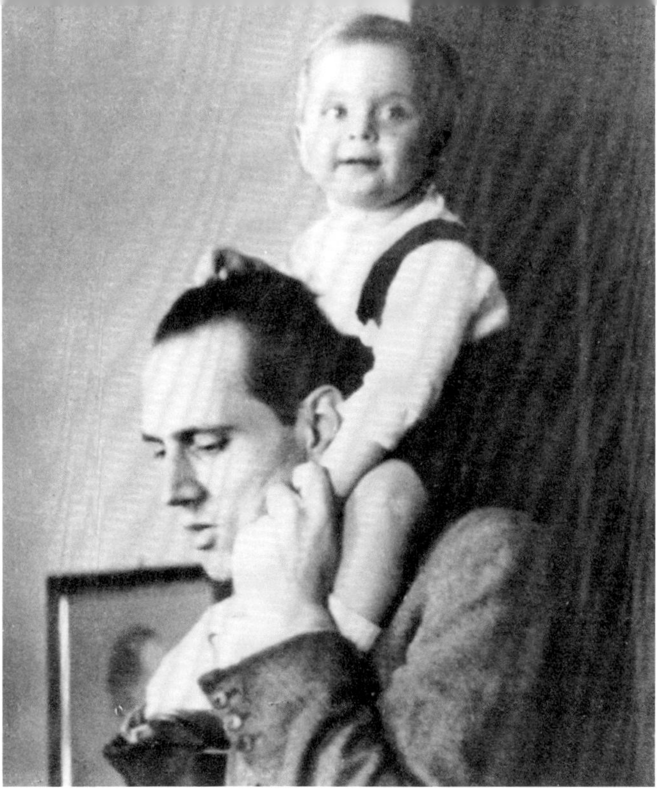

Helmuth James Graf von Moltke als Familienvater

Trotzdem gelang es ihm, in die völkerrechtliche Abteilung der Abwehr unter Admiral Canaris aufgenommen zu werden, wo er mehrfach Führerbefehle sabotieren und Kriegsgefangene schützen konnte, etwa die französischen Truppen de Gaulles, die sonst gleich nach ihrer Festnahme erschossen worden wären. Norwegische und dänische Juden warnte er vor Razzien. In einem Abschiedsbrief an seine Söhne schrieb er nach der Verurteilung zum Galgen: „Ich habe mein ganzes Leben lang, schon in der Schule, gegen einen Geist der Enge und der Gewalt, der Überheblichkeit, der Intoleranz und des

Absoluten, erbarmungslos Konsequenten angekämpft, der in den Deutschen steckt, und der seinen Ausdruck in dem nationalsozialistischen Staat gefunden hat."[143]

Moltke war wohl der prägende Kopf des Kreises – zusammen mit Peter Graf Yorck von Wartenburg, der als Grundsatzreferent in der Berliner Behörde des Reichspreiskommissars Verbraucherinteressen vertrat, gegen die im NSDAP-Programm geforderte Abschaffung der Warenhäuser kämpfte und Hitler wegen der Judenmassaker an der Ostfront als „deutschen Dschingis Khan" titulierte. Adam von Trott zu Solz versuchte als Mitarbeiter der Informationsabteilung des Auswärtigen Amtes Kontakte zwischen englischen und amerikanischen Politikern und dem deutschen Widerstand zu knüpfen. Eigene Akzente im Kreis setzten die intellektuell hochbegabten Gräfinnen Freya von Moltke und Marion Yorck von Wartenburg, der aller Anpassung abholde Jesuitenpater Lothar König, Kontaktmann zu den deutschen Bischöfen und als talentierter Naturwissenschaftler Professor für Kosmologie an der Ordenshochschule in Pullach, der rote Pädagogikprofessor und (nachdem ihn die Nazis aus dem Amt gejagt hatten) Dorfschullehrer Adolf Reichwein, die Volkswirtschaftler Carl Dietrich von Trotha und Horst von Einsiedel und der Staatsrechtler Hans Peters.

Mindestens drei „Kreisauer" kennt man heute noch: Eugen Gerstenmaier, ökumenisch engagierter Theologe und ebenfalls in der Informationsabteilung des Auswärtigen Amtes tätig, wo er einiges für Kriegsgefangene und ausländische Zwangsarbeiter tun konnte. Von 1954 bis 1969 war er Bundestagspräsident. Harald Poelchau, Gefängnispfarrer in Berlin-Tegel, versteckte Juden bei sich zu Hause. Nach dem Krieg arbeitete er an der Reform des Strafvollzugs in der damaligen Sowjetischen Besatzungszone mit. Und Julius Leber, Lübecker Journalist, im Reichstag SPD-Spezialist für Wehrfragen, entschiedener

Moltke vor dem Volksgerichtshof, 1945

Europäer und politischer Ziehvater des späteren Bundeskanzlers Willy Brandt.

Die Anfänge des Kreisauer Kreises liegen im Jahr 1938, als es in der Wehrmacht Widerstand gegen den geplanten Angriff auf die Tschechoslowakei und erste Pläne für einen Staatsstreich gab und die Judenpogrome der „Reichskristallnacht" vielen Unentschlossenen die Augen öffneten. Seine eigentliche Gestalt erhielt der Kreis aber erst mit den großen Tagungen seit Mai 1942, denen jeweils gründliche Vorarbeiten vorangingen. Positionspapiere wurden entworfen, Gespräche mit Bischöfen, Militärs, Arbeitervertretern und anderen Widerstandsgruppen geführt – das alles unter strengen Vorsichtsmaßnahmen und so, dass außer Moltke und Yorck niemand über sämtliche Aktivitäten und Verbindungsleute informiert war. Man musste jederzeit mit Verhaftungen rechnen und wusste, wozu die Verhörspezialisten der Gestapo fähig waren.

Rechtssicherheit, Mitbestimmung, europäischer Staatenbund

„Brechung des totalitären Zugriffs auf die freie Gewissensentscheidung und Anerkennung der unverletzlichen Würde der menschlichen Person“[144], lautete die zentrale Vision der Kreisauer. Jeder Bürger wirke in voller Verantwortung an der politischen Gestalt des Staates mit. Das alles auf dem Fundament der „natürlichen Ordnung“, wie es bisweilen in behutsamer Umschreibung heißt, beziehungsweise – konkreter formuliert – auf christlicher Wertbasis. „Wir sehen im Christentum wertvollste Kräfte für die religiös-sittliche Erneuerung des Volkes“[145], so stand es im Grundsatzpapier der ersten Tagung.

Ein bloßes Lippenbekenntnis ist das sicher nicht gewesen. Denn die Kreisauer waren davon überzeugt: Eine Rückkehr zu den Idealen von Freiheit und Gerechtigkeit würde die Anwendung staatlicher Druckmittel oft genug überflüssig machen. Die Staatsführung werde unter Beweis stellen müssen, dass die Liebe – ebenso wie die Gerechtigkeit – „ein Rechtssatz“ sei, „kein Satz des Gefühls und der Moral“[146], lesen wir in einem früheren Entwurf *Gedanken zur europäischen Ordnung*. Dieses Konzept will den Grundsatz der Liebe sehr konkret etwa im Umgang mit Kranken und Alten oder in der Arbeitsmarktpolitik für finanzschwache Bevölkerungskreise verwirklicht sehen.

Die Argumentation der Kreisauer: Statt auf freie Gewissensentscheidungen in der Bindung an das „natürliche Sittengesetz“ zu vertrauen, begrabe man das Gemeinschaftsleben unter einem Gebirge von Vorschriften. „Es wird nur noch Anstrengung gemacht herauszubekommen, was die vorgeordneten Stellen getan zu sehen wünschen. [...] Wenn der abendländische und der deutsche Mensch wieder zu persönlicher Entscheidung befähigt werden kann, werden Berge von Vorschriften wegfallen. Dann wird es möglich sein, den Staat von seiner Polizeifunktion zu befreien. [...] Die Liebe ist keine private Angelegenheit, sie ist eine soziale, eine politische und eine rechtliche Angelegenheit. Sie ist das Staatsgrundgesetz von morgen; sie macht uns verantwortlich für jeden anderen und ist die Mutter der Gerechtigkeit."[147]

„Mitten im Krieg wird die Religion als Produktivkraft neu entdeckt"[148], so bewertet ein Historiker und Theologe diese Renaissance religiöser und humanistischer Wertvorstellungen im deutschen Widerstand. Die geistige Fundierung hat Konsequenzen für die Vorstellungen der Kreisauer von Bildungspolitik, Staatsaufbau, Wirtschaftsordnung und Außenpolitik. Sie plädieren für eine christliche Gemeinschaftsschule mit starker Betonung der Charaktererziehung und deutlicher Verankerung des Elternrechts. Sie wollen einen demokratischen, pluralistischen Staat, in dem sich Individuen und Gruppen frei entfalten können, mit viel Selbstverwaltung und Länderrechten, aber mit einer starken Autorität an der Spitze. Das Wahlsystem soll nicht Parteien, sondern Personen begünstigen: überschaubare Wahlkreise, Nominierung der Kandidaten durch die Bürger, die sie kennen, nicht durch irgendwelche Parteizentralen.

In der Wirtschaft soll – in Abgrenzung zum braunen Dirigismus und zum roten Kollektiv – der Mensch mit seiner persönlichen Würde und Freiheit wieder im Mittelpunkt stehen: Eigenverantwortung, Selbstverwaltung, Mitbestimmung, Betriebsgewerkschaften, Verstaatlichung von Großkonzernen heißen die Stichworte. Wenn es um die Schaffung von Wohnraum für die heimkehrenden Soldaten und die Kriegsopfer und die Beschäftigung der bislang in der Rüstung Tätigen geht, ist allerdings auch von Zwangsmaßnahmen die Rede.

Eine zentrale Rolle spielt im Forderungskatalog der Kreisauer die Wiederherstellung der Rechtssicherheit: „Das zertretene Recht“, so die dritte große Tagung am 14. Juni 1943, „muß wieder aufgerichtet und zur Herrschaft über alle Ordnungen des menschlichen Lebens gebracht werden. Unter dem Schutz gewissenhafter, unabhängiger und von Menschenfurcht freier Richter ist es Grundlage für alle zukünftige Friedensgestaltung.“[149]

Überschätzter Erneuerungswille

Gründlich wurde auf diesen Zusammenkünften über die notwendige Bestrafung der nationalsozialistischen Rechtsbrecher gesprochen. Man dürfe freilich nicht die nach dem Ersten Weltkrieg begangenen Fehler wiederholen und eine Siegerjustiz etablieren. Werde die juristische Aufarbeitung des Dritten Reichs „von politischen Zwecken oder der Leidenschaft“[150] bestimmt, „so wird Unrecht mit Unrecht beantwortet, und die Gewalt steht wieder drohend am Beginn des zukünftigen Weges.“[151] Der Kreisauer Kreis zieht ein „gemeinsames Völkergericht“[152] vor und favorisiert den Haager Gerichtshof.

Man hat offenbar vorausgesehen, wie die Nazi-Verbrecher später versuchen werden, ihren Kopf aus der Schlinge zu ziehen: Die Berufung auf einen Befehl schütze nicht vor Strafe, heißt es in diesem Dokument, „es sei denn, daß es sich um eine unmittelbare Bedrohung von Leib oder Leben des Täters handelt [...]. Insbesondere ist der Befehl kein Strafausschließungsgrund, wenn der Täter durch sein Verhalten vor, bei oder nach der Tat erwiesen hat, daß er den Befehl billigt.“[153]

So viel Sympathie für internationale Institutionen war im Dritten Reich natürlich verpönt; am deutschen Wesen sollte die Welt genesen, und andere Völker nahm man als Kriegsgegner und mögliche Arbeitssklaven wahr, nicht als Partner. Die Kreisauer aber träumten allen Ernstes von einer gleichberechtigten Zusammenarbeit der Nationen in einer internationalen Organi-

Zum großen Gut Kreisau gehörte auch dieses Schloss

sation, die den Frieden sichern, aber auch „nationalen wie privatkapitalistischen Monopolen“[154] das Handwerk legen sollte.

Und auch schon von Europa! Aktuelles Ziel war der gemeinsame Kampf der europäischen Völker gegen Hitler und den Faschismus, längerfristige Vision waren die Vereinigten Staaten von Europa, ein Staatenbund auf der Grundlage der gemeinsamen christlichen, humanistischen und sozialistischen Werte. Der selbständige Nationalstaat mit seiner Neigung zu Abschottung und Krieg schien passé; das Abendland würde sich nur noch mit vereinten Kräften „inmitten einer Welt von Großmächten und kontinentalen Zusammenballungen“[155] behaupten können. Man sah hier bereits den Kampf der kapitalistischen USA und der kommunistischen Sowjetunion um europäische Einflusssphären – den „Kalten Krieg“ – voraus und träumte von einem starken, gemeinsam handelnden, neutralen Europa.

Die Kreisauer hatten sehr konkrete Vorstellungen davon, wie dieser europäische Bund repräsentiert und regiert werden sollte: Die Parlamente der einzelnen Staaten würden einen Bundestag wählen und dort entsprechend der Bevölkerungszahl ihrer Länder vertreten sein. Die Oberhäupter der europäischen Staaten sollten einen Bundesrat oder Kronrat bilden und aus ihrer Mitte einen Bundespräsidenten auf Zeit wählen sowie einen Bundeskanzler bestimmen. Ein stark autoritär eingefärbtes Modell, in das die schlechten Erfahrungen mit der Weimarer Parteiendemokratie eingegangen sind.

Graf Moltke war es, der ständig darauf hinwies, dass dieses neue Europa neben einer sinnvollen Organisation vor allem eine geistige Basis brauche: „Für uns ist Europa nach dem Kriege weniger eine Frage von Grenzen und Soldaten, von komplizierten Organisationen oder großen Plänen. Europa nach dem Kriege ist die Frage: Wie kann das Bild des Menschen in den Herzen unserer Mitbürger aufgerichtet werden? Das ist eine Frage der Religion, der Erziehung, der Bindungen an Arbeit und Familie, des richtigen Verhältnisses zwischen Verantwortung und Rechten."[156]

Der Kreis hat den Erneuerungswillen nach dem Krieg wohl überschätzt – und den Beharrungswillen der deutschen Gesellschaft genauso unterschätzt wie die raffinierten Methoden der alten Eliten, ihre Macht zu behalten. Trauerarbeit und Schuldbewältigung hielten sich in Grenzen. Die Überlebenden des Kreisauer Kreises versuchten ihre Ideen in die wieder auferstandene SPD und in die neu gegründete CDU einzubringen, die in ihrem Ahlener Programm 1947 noch wacker den Kapitalismus ablehnte. Der Erfolg war gering. Statt der erhofften grundlegenden Neuorientierung kamen der geistig unbewegliche Adenauer-Staat, das Wirtschaftswunder und neue Blockbildungen zwischen den Weltanschauungen. Die wenigen poli-

Alfred Delp (r.) mit seinem Mitbruder Franz von Tattenbach (l.) und Dr. Karl Schneider (M.), seinem einstigen Lehrerkollegen am Gymnasium Stella Matutina

tisch aktiven Kreisauer wie Theodor Steltzer (nach dem Krieg Ministerpräsident in Schleswig-Holstein) stiegen, bis auf Gerstenmaier, bald ernüchtert aus. Moltkes Witwe Freya kehrte Deutschland den Rücken und ließ sich in den USA nieder.

Selbstverständlich kann man an den Entwürfen des Kreises vieles naiv, unrealistisch, sozialromantisch finden. An den inneren Widersprüchen seiner Vision vom neuen Staat ist massiv Kritik geübt worden: Staatsaufbau von unten, aber Verweigerung des passiven Wahlrechts für Frauen. Dezentralisierung, Selbstverwaltung, Eigenverantwortung und gleichzeitig sehr weitgehende Befugnisse für die Staatsführung. Ein unausgegorenes Nebeneinander von Marktwirtschaft und Wirtschaftslenkung. Dabei vergisst man leicht, dass mitreißende Visionen immer plakativ sein müssen, dass der Praxistest für das Kreisauer Ideenbündel nach 1945 unterblieb (die meisten Vordenker waren tot, die Texte nicht veröffentlicht) und „daß angesichts der Brutalität des Faktischen nur eine große Idee befreien konnte“[157].

Eine große Idee, die man in vielen kleinen Details konkretisierte: Für den Fall, dass der Nazi-Staat nicht mit einem einzigen gewaltigen Getöse zusammenbrechen, sondern durch erfolgreiche Sabotage oder alliierte Invasionen allmählich auseinander bröckeln würde, sorgte man mit einem System von „Landesverwesern“ vor. In den besetzten oder abgespaltenen Landesteilen sollten sie das Chaos verhindern, die braunen Truppen entwaffnen, politische Gefangene freilassen und die Wirtschaft umorganisieren. Solche „Landesverweser“ warteten überall im Reich auf die Stunde Null, bestens motiviert und von Kreisauer Kurieren instruiert.[158]

Schöpferischer Anreger und Erfinder von Kompromissformeln

Welche Rolle spielte Alfred Delp inmitten dieses brain trust hochgebildeter, origineller, vorausschauender Köpfe? Um es gleich zu sagen: Eine exakte Antwort ist unmöglich. Wir wissen nicht genau, an welchen Treffen er teilgenommen, worüber er Referate gehalten, welche Statements er mitverfasst hat. Unter den Bedingungen einer mörderischen Diktatur erstellt man keine Protokolle und Teilnehmerlisten. Wenige wichtige Texte wurden auf abenteuerliche Weise versteckt – etwa im Tresor der Pullacher Ordenshochschule, wo pikanterweise ein Generalkommando der Wehrmacht eingezogen war. Hier würde man nicht suchen! Die meisten verräterischen Unterlagen hat man systematisch vernichtet, spätestens nach dem 20. Juli 1944.

Es gibt allerdings eine Menge verstreuter Delp-Texte – etwa seine geschichtsphilosophischen Schriften oder die in der Haft niedergeschriebenen Konzepte[159] –, die Rückschlüsse darauf zulassen, an welchen Kreisauer Dokumenten er beteiligt war. Seine in der Bogenhausener Zeit verfasste sozial- und wirtschaftspolitische Programmschrift *Die Dritte Idee*, die er selbst für seine beste hielt[160], ist leider verschollen. Ihre Gedanken hat ein Freund Delps, Rechtsanwalt Ernst Keßler, 1947 in einem Aufsatz *Jenseits von Kapitalismus und Marxismus*[161] zu rekonstruieren versucht.

Auch wenn man auf diese Weise im einen oder anderen Kreisauer Dokument Delps Handschrift wiederzuerkennen vermag, bleibt sein Beitrag doch eher blass. Haben jene Fachleute wirklich Recht, die ihn für den „wohl produktivsten Kopf“[162] oder für einen der „geistig führenden Köpfe“[163] des Kreises halten – oder eher der Linkskatholik Walter Dirks, der in Delp nur einen weltfremden Idealisten sehen konnte? Dirks: „Delp war keineswegs der, den sich Moltke wohl vorgestellt hatte. Nichts von Soziologie, schon gar nichts von konkreter, nichts von der katholischen Sozialtradition. [...] Alfred Delp hatte nicht die geringste konkrete Vorstellung von dem, was ein halbes Jahr nach seinem Tod beginnen mußte.“[164]

Um Enttäuschungen zu vermeiden, sollte man sich von Delp keine realpolitisch unmittelbar umzusetzenden Vorstellungen und auch kein in allen Details ausgearbeitetes sozialphilosophisches System erwarten, sondern einen „schöpferischen Impuls“[165]. Er war Theoretiker, kein Praktiker. Das Terrain, auf dem er Fruchtbares leisten konnte, waren die rechts- und sozialphilosophischen Fundamente. Seine Rolle scheint die eines Anregers gewesen zu sein – und, wie die Forschung mehr und mehr herausarbeitet, auch die eines Vermittlers.

Es gibt zwar auch die Einschätzung seines Mitstreiters Theodor Steltzer, der ihn der radikalen Kreisauer Fraktion zuordnet: „Eine Art revolutionärer Flügel, der aus Moltke, dem

Pater Delp und mir bestand, war der Ansicht, daß alle politischen Vorstellungen des neunzehnten Jahrhunderts überholt waren und alle gesellschaftlichen Formen der Neufassung bedurften. Für uns existierten die bürgerlichen Ideale der Vergangenheit nicht mehr."[166]

Andererseits scheint Delp mit seiner Idee des „personalen Sozialismus" Gewerkschafter und Wertkonservative zusammengebracht zu haben; um die protestantischen Vorbehalte gegen den typisch katholischen Naturrechtsgedanken zu überwinden, führte er den Begriff des ius nativum [angeborenes Recht; CF] aus dem Kirchenrecht in die Debatte ein, der eigentlich dasselbe sagte, aber weit weniger von konfessioneller Terminologie belastet war.

Am reinsten finden wir Delps Beitrag zu den Kreisauer Gesprächen und Dokumenten vielleicht in jenen erst 1971 entdeckten knappen handschriftlichen Entwürfen wieder, die *Neuordnung* betitelt sind und aus einer naturrechtlich begründeten Sozialphilosophie praktische Forderungen ableiten. Dringend nötig sei die Wiederherstellung des „innervölkischen Friedens"[167], der Rechtssicherheit, der Privatsphäre in der Wirtschaft und schließlich auf der Ebene des Staates einer „*verantwortlichen* Autorität, die einer zuständigen Kontrolle unterliegt und eine positive Kritik und Opposition ermöglicht"[168]. Wiederzuerwecken sei das Bewusstsein eines göttlichen Rechts, das jeder menschlichen Deutung und Beugung entzogen sei. Aus ihm ergäben sich „die unverlierbaren Menschenrechte, die Gott der Herr der Natur mitgegeben hat, die von jeder staatlichen und politischen Ordnung unabhängig sind und deren Beschneidung und Vergewaltigung den Menschen zerstört und jedem gemeinschaftlichen Leben Sinn und Berechtigung nimmt. Der Mensch ist freien Geistes, freien Gewissens, freien Glaubens."[169]

Aus solchen ethischen Dogmen zieht Delp sehr konkrete Folgerungen: Überprüfung von Inhaftierungen und Enteignungen. Erziehungsbeihilfen, Steuerbegünstigungen für Familien, rechtliche Besserstellung von Familienvätern, Ausbau des Arbeiterschutzes und der Gesundheitsfürsorge im Betrieb, Schlichtungsinstanzen für innerbetriebliche Konflikte. Wie die meisten Kreisauer machte Delp die sozialen Defizite der Gesellschaft für den rasanten Erfolg der Nazis verantwortlich.

Delps in der Todeszelle entstandener Text *Theonomer Humanismus* wiederholt und variiert im Grunde nur die in diesem Entwurf schon kompakt zusammengefassten und in seinen Predigten und Schriften immer wieder aufblitzenden Grundideen: Um den Ungeist des Nationalsozialismus dauerhaft zu überwinden, braucht es „ein Erwachen des Menschen zu seinen Werten und Würden“[170], zu neuer Verantwortung für die Gemeinschaft, aber auch zu Gott; „es gehört das Ewige dazu. Nein, der Ewige.“[171] Menschenwürdige Lebensbedingungen. Wahrhaftigkeit. Anerkennung der persönlichen Würde. Sehnsucht nach dem Bleibenden.

Statt „Christentum" lieber „Naturrecht" schreiben

Die Zielvision hat ihre Auswirkungen auf Rechts- und Sozialordnung, Staatsaufbau und Familie. An die Stelle des unter den Nazis herrschenden „totalen Rechtspositivismus“[172] muss die Orientierung am natürlichen Sittengesetz treten. Die ist dem Jesuiten Delp sogar wichtiger als ein zu forsches Bekenntnis zur christlichen Weltsicht. Bei ihrer dritten großen Tagung haben die Kreisauer im Juni 1943 *Grundsätze für die Neuordnung* formuliert, die das Christentum als „Grundlage für die sittliche und religiöse Erneuerung unseres Volkes, für die Überwindung von Haß und Lüge, für den Neuaufbau der europäischen Völkergemeinschaft“[173] bezeichnen. Delp ist Realist genug, um diese Festlegung als «zu einseitig und eng» zu kritisieren. „Es wird dadurch vielen Menschen, mit denen eine Begegnung und Zusammenarbeit auf dem Boden des Naturrechts möglich ist, der Zugang und die Mitarbeit erschwert.“ Statt „Christentum“ solle man lieber schreiben „Naturrecht, das im Christentum seine Vollendung und die Garantie seines Bestandes erfährt“[174].

Fachleute bescheinigen Delp, dass die von ihm aus dem Naturrecht abgeleiteten rechtsstaatlichen Grundsätze – Garantie individueller Grundrechte, umfassender Rechtsschutz, Gewaltentrennung – fast lückenlos im bundesrepublikanischen Verfassungsrecht wiederzufinden sind. Der Staat, wie er ihn sich wünscht, ist dem personalen Menschenbild der klassischen katholischen Soziallehre verpflichtet: Wie die Gemeinschaft Opfer vom einzelnen Bürger fordern darf, so hat sie auch dessen Rechte zu schützen und dessen Selbstständigkeit zu respektieren.[175]

Delps eigentliches Aufgabenfeld im Kreisauer Kreis sollte nach dem Willen von Moltke und Rösch die Erneuerung der sozialen Ordnung sein. Für soziale Probleme hatte er sich seit seinem Studium stark interessiert, viel darüber gelesen und in München intensive Gespräche mit dem renommierten Volkswirtschaftler Adolf Weber geführt. Eine richtige sozialwissenschaftliche Ausbildung hatte er freilich nicht absolviert, was nicht nur den Altmeister der katholischen Soziallehre, Oswald von Nell-Breuning – ebenfalls ein Jesuit – skeptisch stimmte: Er habe lediglich einmal mit Delp gesprochen und dabei den Eindruck gewonnen, „er teile die weitverbreitete Meinung, darüber könne man mit Allgemeinwissen ohne jede Fachkenntnis sachverständig sich ein Urteil bilden und verantwortlich mitreden. […] Ich bin in Besorgnis, daß sein politisches

Verantwortungsbewußtsein ihn verführt hat, die Grenzen seiner Sachverständigkeit zu überschätzen."[176]

Andererseits war Delps *Dritte Idee* von einer Sozial- und Wirtschaftsordnung zwischen schrankenlosem Liberalismus und totalitärer Vereinnahmung repräsentativ für die Kreisauer und charakteristisch für den deutschen Widerstand überhaupt. Es war das Denkmodell, das dem offensichtlichen Scheitern des Kapitalismus in der Weltwirtschaftskrise ebenso Rechnung trug wie den üblen Erfahrungen mit kollektivistischen Zwangssystemen im Dritten Reich und in der Sowjetunion – und das die naturgemäß völlig unterschiedlich orientierten Großgrundbesitzer und Gewerkschafter im „Kreis" zusammenführen konnte.

Wie sich aus Ernst Keßlers um Authentizität bemühter Wiedergabe der verlorenen Programmschrift herauslesen lässt, ging es Delp nicht um ein vages „Gemisch von Individualismus und Kollektivismus"[177], sondern um die saubere Erarbeitung einer höheren Synthese: „Eine Wirtschafts- und Gesellschaftsverfassung, die die Rechte der Gemeinschaft wie des Einzelnen wahren will, die beides zu garantieren sucht, soziale Sicherheit für alle und Freiheit des einzelnen, muß also zugleich sozialistisch und personal sein. Wir heißen sie deshalb: ‚Personaler Sozialismus'."[178]

Wieder nur eine plakative Vermischung von Begriffen? Weit gefehlt. Den Kapitalismus, der mit seiner maßlosen Anhäufung von Geld und Macht die Menschen zu Sklaven gemacht habe, hielt Delp für ebenso gescheitert wie den seinem Wesen nach zutiefst „menschenfremden" Marxismus.[179] Delp hat den praktisch orientierten Sozialismus offenbar klar vom ideologischen Marxismus unterschieden und an eine „personale Demokratie"[180] gebunden, geprägt von Mitverantwortung aller, Respekt vor dem Individuum, Dezentralisierung der Macht und dem katholischen Subsidiaritätsprinzip: Die Gesellschaft hilft dort, wo der Einzelne überfordert ist, aber so, dass er seine eigenen Angelegenheiten wieder selbst besorgen kann. Staatliche Wirtschaftslenkung ist lediglich als „Rahmenplanung" gedacht, um unsoziale Auswüchse einer schrankenlosen Marktwirtschaft zu verhindern. Privatbesitz soll in Gemeineigentum überführt werden, um die Arbeitenden an der Verfügungsgewalt über das Kapital zu beteiligen – aber nicht mit einer zentralistischen Verstaatlichung wie bei den Bolschewiken, wo der Arbeiter nur den Herrn wechselt, sondern als „*Sozialisierung von unten nach oben*: nicht der Staat wird in der Regel Träger des Gemeineigentums, sondern die Menschen selbst, die in dem zu sozialisierenden Betrieb tätig sind, werden genossenschaftliche Eigentümer ‚ihres Werkes'."[181]

Solche Ideen, wie sie auch in seinem Entwurf *Neuordnung* zu lesen sind, waren nicht neu; den „personalen Sozialismus" hatte der Jesuit Heinrich Pesch bereits vor dem Ersten Weltkrieg in seinem *Lehrbuch der Nationalölkonomie*"[182] entwickelt, unter dem Namen „Solidarismus". Etliche Forderungen hat Alfred Delp zum Teil wörtlich aus der 1931 erschienenen Sozialenzyklika von Papst Pius XI. *Quadragesima Anno* übernommen: „Entproletarisierung des Proletariats"[183] durch Vermögensbildung in Arbeitnehmerhand, Sozialpflicht des Eigentums, Kooperation im Interesse des größeren Ganzen statt Klassenkampf. Bei Delp beziehungsweise in den Kreisauer Dokumenten, auf die er Einfluss genommen hat, liest sich das alles aber ein wenig konkreter. Und bisweilen setzt er sich auch deutlich von den Positionen des Papstes ab: in der starken Betonung einer juristisch verankerten Mitbestimmung und in der Sympathie für einen „geläuterten", personalen Sozialismus (Pius XI. hielt die Kluft zwischen Sozialismus und Christentum für unüberbrückbar).

Gewiss hatten die Kreisauer ihre Defizite, und auch Delp gibt dem heutigen Lesepublikum manche harte Nuss zu knacken, wenn er gesellschaftliche Konflikte grundsätzlich als etwas zu Vermeidendes ansieht, dem Parlamentarismus und der gewerkschaftlichen Interessenpolitik höchst skeptisch gegenübersteht und Schwierigkeiten mit Meinungsvielfalt und Pluralismus hat. Bisweilen erliegt er der Versuchung, der Gesellschaft das christliche Weltbild als verpflichtend vorzuschreiben und katholische Moral in staatliches Recht zu gießen: Um die Familie zu schützen, stellt er, maliziös formulierend, die Forderung auf: „Die Ehescheidung ist zum mindesten mit allen Mitteln des Rechtes zu erschweren.“[184] Und um die „liberalistische Auslieferung des arbeitenden Menschen an Kitsch, Schmutz und Schund“[185] zu unterlaufen, ruft er nach Zensur: „Arbeiterzeitungen, -zeitschriften, -literatur usw. unterstehen einer nicht bevormundenden, sondern fördernden Aufsicht.“[186]

Alfred Delp vor dem Volksgerichtshof

5. Ernstfall

Der Todeskandidat erfährt die Nähe seines gekreuzigten Gottes

„Ich glaube noch nicht an den Galgen"[187]

Menschen, die anders denken als vorgeschrieben oder erlaubt, suchen zwangsläufig nach Gesinnungsgenossen und Weggefährten. Einzelkämpfer zu sein, kostet Mut und Nerven. Deshalb war der Kreisauer Kreis von Anfang an um Kontakte zu anderen Widerstandsgruppen in Deutschland und den besetzten Ländern bemüht. Die Suche nach Bündnispartnern verlief allerdings eher enttäuschend. Graf Moltke – der sich früher oft in England aufgehalten und dort den Titel eines Barristers, eines Rechtsanwalts erworben hatte – informierte Ende 1943 die westlichen Alliierten über die deutsche Opposition und versuchte sie zur Zusammenarbeit mit einer neuen Staatsführung nach dem Sturz der Nazis zu bewegen. Umgekehrt wollte er Signale mit nach Hause bringen, um die Hitler-Gegner in der deutschen Generalität zum Losschlagen zu ermutigen. Die Alliierten blieben misstrauisch: Wusste man denn, wer sich hinter solchen Friedensfühlern verbarg? Den Kreisauern scheint man außerdem verübelt zu haben, dass sie sich eine Normalisierung der Beziehungen zu Russland wünschten.

Die Jesuiten im Kreis – Delp, König und Rösch – hielten nicht nur intensiven Kontakt zu Bischöfen wie Faulhaber

(München), Preysing (Berlin), Galen (Münster) und Dietz (Fulda). Rösch hatte einen hervorragenden Draht zum Ordensgeneral in Rom und zum Privatsekretär von Papst Pius XII., Robert Leiber, der ebenfalls Jesuit war. Pater König war häufig zu Gast beim evangelischen Württemberger Landesbischof Theophil Wurm, einem profilierten Nazi-Gegner. Die Jesuiten führten regelmäßige Gespräche mit der im Untergrund operierenden Führungsspitze der *Katholischen Arbeiterbewegung*, mit dem konservativen Münchener Kreis um den einstigen bayerischen Gesandten in Berlin, Franz Sperr (der mit Ex-Ministern aus der Weimarer Republik und bayerischen Militärs zusammenarbeitete), und mit hohen Offizieren wie Generaloberst Franz Halder. Delp wollte sich auch mit Professor Kurt Huber von der „Weißen Rose" treffen, doch bevor es dazu kommen konnte, wurden die Geschwister Scholl und die anderen Mitglieder der Gruppe nach der verhängnisvollen Flugblattaktion in der Münchener Universität verhaftet.

Vor allem die Verbindung zur militärischen Opposition war für die Kreisauer gefährlich. Denn unter den wenigen regimekritischen Generälen und Offizieren wurde ernsthaft diskutiert, wie man Hitler stürzen könnte. Schon 1938 schmiedete Generalstabschef Ludwig Beck Pläne für einen Staatsstreich. Ein Putsch wäre auch Ende 1941 denkbar gewesen: Der deutsche Vormarsch im Osten war ins Stocken geraten, vor Moskau drohte eine katastrophale Niederlage, Hitler gab seinen Generälen die Schuld und machte sich, als der Oberbefehlshaber des Heeres, Walther von Brauchitsch, verbittert seine Demission einreichte, selbst zum obersten Feldherrn. Yorck und Moltke wollten die Verärgerung unter den Generälen nutzen, um sie zum Handeln zu bringen. Doch der von einigen hohen Militärs in Berlin vorbereitete Staatsstreich scheiterte am Widerstand des Generalstabschefs Halder. Er wollte keine neue Dolchstoßlegende um das im Feld unbesiegte, aber an der „Heimatfront" verratene Heer entstehen lassen.

Die Verschwörer im Dezember 1941 hatten Hitler lediglich gefangen setzen wollen. Je aussichtsloser aber der Krieg wurde und je mehr man von den Gräueltaten der SS-Divisionen im Osten und von den Todesfabriken in Dachau, Buchenwald, Bergen-Belsen, Auschwitz, Maidanek erfuhr, desto näher rückte der Gedanke, Hitler und seine Führungsmannschaft zu töten, um dem Schrecken ein Ende zu machen.

Befürworter eines Attentats gab es auch unter den Kreisauern. Während Moltke, Yorck, Rösch, Steltzer, Gerstenmaier jeden politischen Mord ablehnten und im konkreten Fall einen Märtyrer-Mythos um den toten Hitler befürchteten, plädierte eine Minderheit für die gewaltsame Beseitigung des Diktators als letztes Mittel. Zu dieser Minderheit scheinen auch die Patres König und Delp gehört zu haben. Delps Freund Ernst Keßler erinnerte sich, mit ihm einmal über die Verbrechen in den KZ-Gaskammern und die klassische kirchliche Lehre vom „Tyrannenmord" gesprochen zu haben. Im Fall Hitlers seien die „rechtlichen und moralischen Voraussetzungen für die Erlaubtheit des Tyrannenmordes [...] einwandfrei gegeben"[188], habe Delp erklärt.

Gefährlicher Besuch bei Graf Stauffenberg

Ob Pater Delp konkret über die Attentatspläne des 20. Juli 1944 informiert war, muss allerdings offen bleiben. Er selbst hat das immer bestritten, nicht nur in der Verhandlung vor dem Volksgerichtshof, auch in Kassibern, die er aus der Haft schmuggeln konnte. Es gibt zwar einen rätselhaften Blitzbesuch Delps beim späteren Hitler-Attentäter Claus Schenk Graf von Stauffenberg sechs Wochen vor dem Anschlag, der ihm im

Todesurteil auch als „Fortsetzung seiner staatsfeindlichen Wühlarbeit im Moltke-Kreis“ angelastet wird, aber selbst das Urteil räumt ein, er möge von Stauffenbergs „Mordgedanken gegen unseren Führer“[189] nichts gewusst haben.

Als Delp an diesem 6. Juni 1944 plötzlich in Stauffenbergs Bamberger Wohnung auftaucht, gibt es den Kreisauer Kreis nicht mehr. Graf Moltke ist am 19. Januar von der Gestapo im Rahmen eines großen Schlages gegen die von Widerständlern und Saboteuren unterwanderte Auslandsabwehr verhaftet worden; ihres führenden Kopfes beraubt, bricht die Gruppierung auseinander. Die ständigen Bombenangriffe machen außerdem die Reisetätigkeit fast unmöglich.

Was Delp exakt von dem gleichaltrigen, einst so linientreuen und dann über die Wehrmachtsverbrechen entsetzten Offizier Stauffenberg gewollt und was er mit ihm geredet hat, wird sich nie mehr klären lassen. Stauffenberg war wohl viel zu verärgert über den unvorsichtigen, seine Familie gefährdenden Besuch (er beschwerte sich später bei Graf Yorck), um Delp in irgendwelche Attentatspläne einzuweihen. Delp selbst behauptete, er habe von Stauffenberg lediglich Einzelheiten über die im Morgengrauen des 6. Juni begonnene Invasion alliierter Truppen in der Normandie erfahren wollen und ihn um Auskunft gebeten, „ob er nicht eine Möglichkeit für mich persönlich wüßte, trotz des Verbotes zur Wehrmacht eingezogen zu werden.“[190] Andere Quellen wollen wissen, der Priester habe den Offizier zum Handeln ermutigt.[191]

Am 20. Juli 1944 nimmt Stauffenberg an einer Besprechung im ostpreußischen Führerhauptquartier „Wolfsschanze“ teil. Er hat eine Aktentasche mit einem Kilo Sprengstoff dabei. Unauffällig schiebt er die Tasche unter den Kartentisch, in die Nähe Hitlers. Unter einem Vorwand verlässt er den Raum. Um 12.42 Uhr explodiert die Bombe: vier Tote. Doch Adolf Hitler kommt mit Hautabschürfungen und einem geplatzten Trommelfell davon. Jahrelang haben rund zweihundert Verschwörer – Militärs, Staatsbeamte, Diplomaten, Gewerkschafter, Geistliche – auf den Umsturz hingearbeitet, mindestens vierzig Attentatspläne entworfen, einige davon in die Tat umgesetzt. Doch Hitler überlebt jeden Anschlag.

In der Nacht darauf setzt eine gigantische Verhaftungswelle ein. Vierhundert Gestapo-Spezialisten stellen ganz Deutschland auf den Kopf. Delp hat am 20. Juli Freunden geholfen, ihr bei einem Bombenangriff zerfetztes Hausdach zu reparieren. Vom Attentat erfährt er erst um halb vier Uhr am nächsten Morgen: Pater König in Pullach hat seinen Mitbruder Tattenbach auf dem Rad losgeschickt, um Delp zu warnen. Tattenbach wirft Steinchen an dessen Fenster in Bogenhausen, bekommt ihn aber nicht wach. Darauf steigt er über eine Leiter in das Pfarrhaus ein, wird um ein Haar von Delp niedergeschlagen, der einen Einbrecher vermutet, und berichtet hastig, was geschehen ist. Delp lässt sich in einen Stuhl fallen und kommentiert verblüfft: „Das hätte ich ihm nicht zugetraut!“[192]

Beiden ist klar, dass es jetzt ein großes Aufräumen unter den Regimegegnern geben wird; Delp weiß, dass man ihn überwacht und die Gestapo vielleicht auch schon von seiner Visite bei Stauffenberg Wind bekommen hat. Aber den Rat Tattenbachs und weiterer Mitbrüder und Freunde, unterzutauchen, lehnt er entrüstet ab: Er könne doch seine unter den Bombardements leidenden Bogenhausener nicht im Stich lassen. Und vor allem sähe eine solche Flucht ja nach einem Schuldeingeständnis aus.

Am 28. Juli fallen den regelmäßigen Besuchern der Morgenmesse in St. Georg zwei Männer in schweren Mänteln auf, die hinten in der Kirche stehen und die noch nie hier gewesen sind.

Als die beiden nach dem Gottesdienst auf Pater Delp zugehen und ihn ins Pfarrhaus bitten, wird die bange Ahnung zur Gewissheit: Gestapo! Seine Sekretärin Luise Oestreicher erzählt später: „Ich ahnte nichts Gutes und ging in den Garten, um Schutt zu räumen. Wir waren in diesen Wochen fast ständig damit beschäftigt. Noch ein oder zwei Leute aus der Pfarrei halfen dabei. Es war eine beklemmende Stimmung. Jeder hatte Herz und Kopf voller Sorgen. Nach einer Zeit, die uns endlos schien – es war aber vielleicht nur eine Viertelstunde – kam Pater Delp in seinem Lodenmantel. Er sah grau und verfallen aus und sagte mit einer hohen, leisen Stimme, ganz anders, als wir ihn je vorher sprechen gehört hatten: ‚Ich bin verhaftet. Behüt' euch Gott und auf Wiedersehen.' Dann begleiteten ihn die beiden Fremden hinaus zum Auto."[193]

Sekunden vor der Begegnung mit der Gestapo hat Pater Delp einen Notizzettel mit der Mitteilung zugesteckt bekommen, dass ein Treffen mit befreundeten sozialdemokratischen Widerständlern aus Sicherheitsgründen abgesagt worden sei. Geistesgegenwärtig steckt er den verräterischen Papierfetzen noch in der Sakristei in den Mund und isst ihn auf. Auch seine Mitbrüder treffen hektische Vorsichtsmaßnahmen, als sich die Nachricht von der Verhaftung herumspricht. Aufzeichnungen und Manuskripte – unter anderem die *Dritte Idee* – werden versteckt oder verbrannt. Im Georgskirchlein finden sich zahlreiche Bogenhausener ein, um Kerzen anzuzünden und für ihren Pater Delp zu beten.

Sein Provinzial Augustin Rösch eilt in einem verwegenen Entschluss ins Münchener Gestapo-Hauptquartier, um Delps Aufenthaltsort und den Grund der Inhaftierung zu erfahren; er muss damit rechnen, dass ihn die Gestapo selbst einsperrt. Aber die Beamten knurren nur wortkarg, der Gefangene sei schon auf dem Weg nach Berlin.

„Morgen früh werden wir Sie mit frischen Kräften weiterverhauen!"

In Berlin tut sich für ihn das Tor zur Hölle auf, in der Lehrter Straße 3. Dort im Stadtteil Moabit hat die Gestapo, deren Kerker chronisch überfüllt sind, ein Zweiggefängnis errichtet. Hier sitzen viele Nazi-Gegner, die man einer Verbindung zum 20. Juli verdächtigt, deshalb sind die Haftbedingungen besonders streng.

Man nimmt Delp alle persönlichen Sachen weg, Hosenträger, Gürtel, Krawatte, Schnürsenkel – damit er sich nicht aus Verzweiflung aufhängen kann –, sogar seine Taschenbibel, weil darin eine Säge oder Rasierklingen versteckt sein könnten. Alfred Delp bekommt die Häftlingsnummer 1142 und Handfesseln, die man ihm in den nächsten Wochen nicht einmal nachts abnimmt. Die Zelle ist die ganze Nacht beleuchtet, außer bei Bombenalarm. Tagsüber hingegen kommt nur wenig Licht durch das vergitterte, weit über Kopfhöhe angebrachte Fenster. Vom Gang draußen sind die gebrüllten Kommandos der Wärter und das Weinen und Toben der Mitgefangenen zu hören. Zwei guten Berliner Bekannten des Priesters, der Sozialarbeiterin Marianne Hapig und der Direktorin der Sozialen Frauenfachschule, Dr. Marianne Pünder, gelingt es nach einer Odyssee durch alle möglichen Gestapo-Büros endlich, zum Häftling Nummer 1142 vorzustoßen, um frische Wäsche abzugeben und die schmutzige abzuholen. Dabei machen sie eine schlimme Entdeckung: Delps Hemd hat am Rücken frische Blutspuren.

Die Prügel, die Alfred Delp in diesen Wochen bekommt, hat er dem Führer und Reichskanzler persönlich zu verdanken. Hitler hat nämlich „verschärfte Vernehmungen" durch die Sonderkommission 20. Juli angeordnet, um die Hintermänner des Attentats zu bekommen. SS-Hauptsturmführer Rolf Gün-

Gestapo-Gefängnis Berlin-Moabit

ther, Stellvertreter des obersten Judenverfolgers Adolf Eichmann im Gestapo-Hauptquartier, lässt Delp regelmäßig in seinen Folterkeller holen, wo geschulte und skrupellose Schläger bereitstehen.

Der Priester verrät niemanden. Nach Freunden, Treffen und Plänen befragt, schweigt er so standhaft, dass in den erhaltenen Gestapo-Protokollen über die Verhöre im Zusammenhang mit dem 20. Juli keine einzige Aussage Delps zu finden ist, die jemanden belasten könnte. Er weiß jetzt auch, warum er selbst in Haft sitzt: Sein Name wurde bei Graf Yorck entdeckt.

Auch über die erlittenen Misshandlungen spricht er wenig. Beim Duschen sieht der Mithäftling Eugen Gerstenmaier einmal zufällig die schlimmen Narben auf Delps zerschlagenem Rücken. Auf seine Frage bekommt er nur die knappe Antwort „Verschärfte!“[194] – und weiß sofort, was los ist. In den Kassibern, die er in der Schmutzwäsche versteckt aus der Zelle herausschmuggelt, erzählt Delp ebenfalls nur beiläufig, er sei gerade von einer „elenden Prügelei“ zurückgebracht worden, „zerschlagen, trostlos, hilflos“[195].

Lediglich in einer Mitteilung an Luise Oestreicher wird er deutlicher. Er erinnert sich an eine Nacht im August, als er wieder einmal „wüst verprügelt“ in das Gefängnis zurückgefahren worden sei. „Die begleitenden SS-Männer lieferten mich ab mit den Worten: So, schlafen können Sie heute Nacht nicht. Sie werden beten und es wird kein Herrgott kommen und kein Engel, Sie herauszuholen. Wir aber werden gut schlafen und morgen früh Sie mit frischen Kräften weiterverhauen. Ich war wie erlöst, als Alarm kam und erwartete die tötende oder die die Flucht ermöglichende Bombe. Beide blieben aus.“[196]

Der Delp-Biograph Roman Bleistein äußert die Vermutung, vielleicht sei er jener Häftling gewesen, der laut Gerstenmaier während eines solchen Bombardements gellend in die Nacht hinaus geschrien habe „Näher! Näher!“[197] Auch ein leidenschaftlich gläubiger Priester kann den Tod herbeiwünschen, wenn die Schmerzen unerträglich werden und nirgendwo am Horizont ein Hoffnungsschimmer auftaucht, wenn man „nur ein blutiges Wimmern und Stöhnen ist, wo man doch ein Heldenlied singen wollte“.[198]

Die Verhörprotokolle wurden täglich an den Leiter der Sonderkommission 20. Juli weitergeleitet, der sie wiederum – entsprechend kommentiert – an die Anklagebehörde beim Volksgerichtshof schickte. So sammelte sich im Lauf der Zeit eine ansehnliche Akte gegen Delp an, die ihn zum Kontaktmann zwischen christlichem Widerstand, Münchener Sperr-Kreis und Graf Stauffenberg stilisiert; man wollte damit eine Verwicklung der Kirchen in das Attentat vom 20. Juli belegen und die weltanschauliche Bindung des Kreisauer Kreises illustrieren. Der Häftling Delp und sein Pflichtverteidiger, ein gewisser Wolfgang Hercher, erfuhren von diesen Vorwürfen lange Zeit kein Wort, während der Präsident des Volksgerichtshofes, der berüchtigte Roland Freisler, bereits eifrig die Akten studierte.

Glauben lernen mit gefesselten Händen

Am 27. September 1944 werden die Kreisauer Häftlinge aus der Lehrter Straße – das Gefängnis dort ist bei den Bombenangriffen fast sturmreif geschossen worden – in die sichere Haftanstalt Berlin-Tegel verlegt, in das „Totenhaus", wo die bald Hinzurichtenden einsitzen. Für Delp ist es dennoch ein Glücksfall. Denn dort sind für den Strafvollzug nicht mehr Gestapo und SS-Bewacher zuständig, sondern die staatliche Justizverwaltung mit ihren altgedienten, die Gefangenen meist anständig behandelnden Wachtmeistern. Sie drücken ein Auge zu, wenn im Korb mit der frischen Wäsche, die Freunde und Angehörige bringen, ein paar Lebensmittel liegen oder – überaus begehrt – Schreibpapier und Tinte. Und wenn die Häftlinge Briefchen und Notizen in die für draußen bestimmte Schmutzwäsche stecken.

Ein besonders freundlicher älterer Gefangenenwärter befördert sogar Hostien und Messwein in Delps Zelle, obwohl Alkohol in der Haftanstalt streng verboten ist.[199] Was der Häftling

Delp auf diese rund hundertzwanzig Kassiber kritzelt, die im Wäschepaket oder über die im Schmuggeln versierten Gefängnispfarrer seine Zelle verlassen, ist in die spirituelle Literatur des 20. Jahrhunderts eingegangen. Zwischen Todesangst und Hoffnung, ungewiss über sein Schicksal, redet Delp mit einem schweigenden, aber unerhört präsenten Gott. Diese Gespräche in den einsamen Tagen und Nächten von Tegel bilden die Situation eines gottfernen Zeitalters ab und werden zur Wegweisung für Christen, die ihren Glauben auf dem schmalen Grat zwischen Treue und Verzweiflung zu leben versuchen.

„Man muß einmal im engen Raum und in Eisen gesessen sein", schreibt er in einer seiner Betrachtungen bitter, „in der Ecke die zerfetzte Fahne der Freiheit haben stehen sehen in tausend Bildern der Schwermut. Immer wieder fliegt das Herz davon und versucht der Geist sich in der freien Erhebung, aber nur, um beim nächsten Schritt der Runde und beim nächsten Klirren der Schlüssel um so endgültiger zur Wirklichkeit zu erwachen. Und dabei wissen: du bist ohnmächtig."[200]

Hoffnungslosigkeit, Enttäuschung, finstere Depression bestimmen diese Aufzeichnungen vor allem in den ersten Wochen, als Delp dauernd misshandelt wird und auch noch an einer sehr schmerzhaften Entzündung von Kiefer- und Stirnhöhle leidet: „Meine eigenen Kräfte sind hin."[201] Es gebe auch tröstliche Erfahrungen, „aber im großen Ganzen sind wir doch auf ein Seil gesetzt und sollen über einen Abgrund laufen und dazu schießen sie noch mit Scharfschützen auf uns. Und dauernd fallen welche herunter."[202] Mit einem Anflug von Trotz: „Ich glaube noch an mich, aber sonst gibt mich doch alles auf."[203] Und dann der tapfere Versuch, diesen Aufenthalt in der Hölle zur Begegnung mit Gott werden zu lassen: „Der Herrgott holt uns von allen Postamenten herunter, wenigstens mir ging und geht es so. Was ich sonst so elegant und selbstsicher unternahm, um auszukommen, ist zerbrochen. ER hat mich eingefangen und gestellt.“[204]

Es ist ein mühsamer Lernprozess, den der nüchterne Theologe Delp in diesem Wartesaal des Todes absolviert. „Ich habe Gott gefragt, warum er mich so schlagen läßt“, sinniert er in der Neujahrsnacht 1945 im Rückblick auf die Folterexzesse. „Für die Unklarheit und Unwahrhaftigkeit meines Wesens, das ging mir auf.“[205] Weniger devot formuliert: „Das Leben ist so ungeheuer plastisch geworden in diesen langen Wochen. Vieles, was früher Fläche war, erhebt sich jetzt in die dritte Dimension. Die Dinge zeigen sich einfacher und doch figürlicher, kantiger. Vor allem aber ist der Herrgott so viel wirklicher geworden.“[206]

Es ist eine harte Sache, in Handschellen zu schreiben. „Mußt halt buchstabiern, da das Meiste im Eisen geschrieben ist“[207], neckt er seine Sekretärin. Und ärgert sich: „Ein elendes Geschmier das. Aber die Pritsche ist so niedrig und den Stuhl kann man nicht an den Tisch stellen, wenn die Pritsche los ist.“[208] Banale Bedürfnisse wachsen hinter Gittern zu großen Problemen: „Hier sind zwei Männer, für die niemand sorgt. [...] Der eine, Frank, mein Zellennachbar rechts, kath. Anwalt, braucht unbedingt ein Paar Schuhriemen. Hat überhaupt keine (Ich bräuchte nur einen!) [...]. Seife und Rasierseife hab ich hergeschenkt. [...] Bitte etwas Tinte, die frühere geht zu Ende – und etwas Papier, bitte. Dank für alles. [...] Bitte Zündhölzer.“[209]

„Wenn ich mir vorstelle, es könnte wieder ein Tag kommen, an dem man seine Hände frei bewegen kann oder zur Tür hinausgehen oder sich rasieren, wenn es nötig ist, oder ein Stück Brot holen; was sind das so seltene Köstlichkeiten geworden.“ Er hat eine Menge begriffen. „Zwischen mir und dem Galgen muß das Wunder stehen, sonst hilft nichts mehr.“[210] Er hat gelernt, unabhängig von Erfolgen und Tröstungen zu glauben – und die Nähe eines ohnmächtigen, mit seinen Menschen leidenden Gottes zu spüren. Gott ist keine Supermacht, Sicherheit und Schutz garantierend. Er geht mit ins tiefste Elend, er gibt sich hin – und verwandelt damit die Not.

„Er wird mir auch über die letzten Stunden hinweghelfen", schreibt er seinem Mitbruder und Freund Franz von Tattenbach am 10. Januar 1945 in einem staunenden Vertrauen. „Wie ein träumendes Kind trägt er mich oft."[211] Es ist der Tag vor dem Todesurteil.

„Alles ist so aussichtslos wie am ersten Tag"

Delp ist stärker und gelassener geworden, seit sich die Haftbedingungen geändert haben und er lesen und schreiben kann (wenn auch in Handschellen), vor allem aber seit er die Professgelübde ablegen und die Solidarität seines Ordens erleben durfte. Eigentlich wäre er im Sommer 1943 so weit gewesen, Armut, Keuschheit und Gehorsam auf Lebenszeit zu versprechen, aber der Provinzial Rösch und seine Berater haben den Schritt aufgeschoben, aus unbekannten Gründen. Man vermutet, Delps eigenwilliger Stil und seine manchmal bissige, unduldsame Art im Umgang haben die Ordensleitung zögern lassen.

Nach der neuen Probezeit war er für den 15. August 1944 zur Ablegung der Gelübde vorgesehen, doch jetzt ist die Verhaftung dazwischengekommen. Rösch entschließt sich zu einem ungewöhnlichen Schritt, auch weil er die Hartnäckigkeit honorieren will, mit der Delp dem Drängen der Gestapo widersteht, er solle den verhassten Orden verlassen. Er schickt Pater Tattenbach in die Haftanstalt Tegel, zu einer abenteuerlichen Inszenierung. Im Besuchsraum eröffnet er dem begleitenden Beamten, sein Mitbruder müsse eine juristische Erklärung unterschreiben, auf Lateinisch, eine ganz unbedeutende Formalie, nur für den Orden interessant. Er könne gern die Übersetzung einsehen. Der Wachtmeister, der mit dem Text nichts anzufangen weiß, stimmt verdattert zu – und bekommt später schreckliche Angst, einen raffinierten Informationsaustausch unter Verschwörern in einer Geheimsprache ermöglicht zu haben.

Alfred Delp ist nicht minder überrascht. Aufgeregt unterschreibt er und liest mit brechender Stimme die lateinische Formel laut vor, wie es vorgeschrieben ist: „Berolini, die octavo decembris anni millesimi nongentesimi quadragesimi quarti, in carcere tegelensi …" (Berlin, am 8. Dezember 1944, im Gefängnis Tegel …)[212]

Die Gelübdeablegung, die man als eine Liebeserklärung an Gott und die Gemeinschaft der Jesuiten verstehen kann, bringt in den finsteren Kerker ein Licht, das nie mehr verlöschen wird. „Von daher lebe ich jetzt", teilt Delp seinen Freunden draußen glücklich mit. „Der Herrgott hat mir einen festen Punkt in seinem Universum geschenkt, auf den ich lange gewartet habe. Alles andere ist ja nur sekundär. […] Seit dem 8. und noch mehr seit Weihnachten ist eine große Ruhe in mir. Als ob die Dinge nun endgültig wären."[213]

Natürlich geht der Häftling weiter durch schwarze Phasen. Natürlich lähmt und quält die Unsicherheit: „Ob ich Weihnachten im Himmel oder auf Erden feiere, weiß ich nicht. Aber wer weiß das schon heute?"[214] „Hilf mir aushalten, sonst zerreißt es mich wieder. Und dabei alles so aussichtslos wie am ersten Tag."[215] Und dann doch immer wieder der Glaube an eine Wendung in den Ermittlungen oder in der Politik, an eine letzte Chance und neue Aufgabe.

Ohne diesen Glauben hätte er wohl nicht die knappen, aber dichten Meditationen schreiben können, die bald nach dem

Krieg 1947 unter dem Titel *Im Angesicht des Todes* herausgekommen sind und Delp bei unzähligen Leserinnen und Lesern bekannt gemacht haben. Obwohl sie sicher nicht zur Veröffentlichung bestimmt waren, als er sie in seiner gefürchteten Handschrift, die durch die gefesselten Hände nicht gerade leserlicher wurde, auf karierte Blätter kritzelte.

Delp verbindet die theologische und liturgische Atmosphäre der Adventszeit – Warten auf den Retter, Hoffnung auf Befreiung, Aufbrechen der Verschlossenheit in sich selbst – mit den Erfahrungen eines Häftlings *(s. Text 7, S. 122)*. Er erlebt Weihnachten jenseits aller Idylle als erregende Gewissheit, dass Gott auf der Seite des Menschen steht, dass er sein Elend teilt: „Eingeschichtlichung Gottes“[216]! *(s. Text 8, S. 124)* Aber auch als Herausforderung, wieder eine Sehnsucht nach dem Ewigen, eine Antenne für das Wunder zu entwickeln wie die Hirten und die Könige an der Krippe, „die Menschen mit den unendlichen Augen“[217]. Als Warnung, sich nicht gleichgültig und selbstzufrieden gegenüber dem Einbruch Gottes in das Menschenleben abzuschotten, wie es die Mächtigen und Reichen, die Gelehrten und Religionsbeamten damals getan haben.

Er meditiert über das Vater unser als Grundgebet, das Himmel und Erde, entschlossene Bindung an Gott und Verantwortung für die irdischen Dinge zusammenbringt: „Brot ist wichtig, aber Freiheit ist wichtiger, am wichtigsten aber die ungebrochene Treue und die unverratene Anbetung.“[218] Er legt in einem verhältnismäßig umfangreichen Text den achthundert Jahre alten Pfingsthymnus „Veni sancte spiritus“ aus: Die Christen seien deshalb oft so müde und wenig strahlend, „weil wir dem Geist Gottes nicht zutrauen, aus uns etwas zu machen. Wir glauben der eigenen Dürftigkeit mehr als den schöpferischen Impulsen des Herrgotts, der in uns unser Leben mitlebt.“[219]

Schließlich fasst der Priester, der ein begnadeter Publizist hätte werden können und jetzt in eine kleine Zelle im „Totenhaus“ von Berlin-Tegel eingesperrt ist, auf wenigen Seiten kompakt und konzentriert seine philosophischen und seelsorglichen Grundüberzeugungen zusammen. Es handelt sich unter anderem um die Texte *Theonomer Humanismus* (die Bindung an ewige Werte garantiert die Humanität), *Die Erziehung des Menschen zu Gott* (erst müssen die elementaren Lebensbedürfnisse befriedigt werden, wenn sich der Mensch einer religiösen Botschaft öffnen soll) und um die Vision von einer dienenden, Fragen und Nöte ernst nehmenden Kirche *(s. Text 5, S. 118)*.

„Eine Ratte – zertreten sollte man so was!"

Am 16. Dezember 1944 bringt der nicht gerade übermäßig aktive Pflichtanwalt („Für die 80 RM [Reichsmark; CF], die der Staat ihm für meinen Kopf zahlt, ist natürlich nicht viel Bewegung zu erwarten“[220]) endlich Aufklärung über die Anklagepunkte; die Anklageschrift selbst bekommt Delp erst am Vorabend des Prozessbeginns zu sehen. Man wirft ihm die Teilnahme an den Kreisauer Gesprächen vor, wo eine Invasion feindlicher Truppen gewünscht und eine neue Verfassung ausgearbeitet worden sei, seine allgemeine antinazistische Einstellung – laut Delp alles „läppisches Zeug“[221] –, vor allem aber geht es um eine belastende Aussage des offenbar ebenso geschwätzigen wie unvorsichtigen Münchener Diplomaten Franz Sperr: Delp habe ihm schon vor dem 20. Juli anvertraut, Stauffenberg plane ein Attentat auf Hitler.

Dieser Vorwurf ist natürlich „absolut tödlich“[222]. In den Kassibern der folgenden Wochen drängt Delp alle möglichen Leute immer wieder verzweifelt, Sperr von seiner Aussage abzubringen; er müsse ihn mit jemand anderem verwechselt oder eine nach dem 20. Juli gemachte Bemerkung irrtümlich zurückdatiert haben. Graf Yorck und Adam von Trott zu Solz aus dem Kreisauer Kreis sind bereits als Verschwörer hingerichtet worden. Seit Delp erfahren hat, dass der Gerichtsvorsitzende Roland Freisler „ein rechter ‚Pfaffenfresser' sein soll"[223], der mit einem fertigen Urteil in die Verhandlung komme, hat er kaum noch Hoffnung.

Freisler, einst bolschewistischer Kommissar in Sibirien und nun fanatischer Nationalsozialist, hochintelligent, eitel und bösartig, ist dafür bekannt, dass er seine Angeklagten nicht überführen, sondern zerstören will. Delp denkt bereits über ein Gnadengesuch seiner Eltern an den fast allmächtigen Polizei- und SS-Chef Heinrich Himmler nach, „falls ich verurteilt werde und den Tag des Urteils überlebe, was meist nicht der Fall ist"[224], und er bringt das geheimnisvolle „Hitlermutterl" ins Gespräch. Das ist eine fromme Anhängerin des Führers aus seinen Münchener Anfängen, inzwischen 87 Jahre alt, die sich mehrfach als mächtige Fürsprecherin inhaftierter Geistlicher erwiesen hat.

„Das Wunder muß darin bestehen, das fertige Todesurteil, das die Herren in der Tasche mitbringen, umzustoßen."[225] Zu diesem Zweck notiert er minutiös alles, was gegen die Anklagepunkte sprechen könnte: Bei den Diskussionen im Kreisauer Kreis sei es nicht um Putschpläne gegangen, sondern um Vorkehrungen für den Fall, „daß der äußere Feind bestimmte Reichsgebiete oder vorübergehend das Ganze besetzen würde."[226] Seine Mitarbeit im Kreis habe sich auf die Darlegung der katholischen Soziallehre beschränkt.

Alles umsonst. Der „Blutrichter" Freisler macht seinem Ruf alle Ehre, als am 9. Januar 1945 der Prozess vor dem Volksgerichtshof in der Berliner Bellevuestraße beginnt. „Sie Jämmerling, Sie pfäffisches Würstchen!", brüllt der Sadist in der roten Robe den Angeklagten Delp an. „Und so was erdreistet sich,

Alfred Delp vor dem Volksgerichtshof; links neben ihm sitzend Helmuth James Graf von Moltke

unserm geliebten Führer ans Leben zu wollen […]. Eine Ratte – austreten, zertreten sollte man so was! […] Jetzt sagen Sie uns mal, was Sie als Priester dazu gebracht hat, die Kanzel zu verlassen und sich mit einem Umstürzler wie dem Grafen Moltke und einem Querulanten wie diesem Protestanten Gerstenmaier in die deutsche Politik einzumischen. Los, antworten Sie!"

Delps Antwort kommt ruhig, souverän, ohne Zögern: „Ich kann predigen, so viel ich will, und Menschen geschickt oder ungeschickt behandeln und wiederaufrichten, solange ich will. Solange der Mensch menschenunwürdig und unmenschlich leben muß, solange wird der Durchschnitt den Verhältnissen erliegen und weder beten noch denken. Es braucht die gründliche Änderung der Zustände des Lebens […]." Höhnisch fragt Freisler zurück: „Wollen Sie damit sagen, daß der Staat geändert werden muß, damit Sie anfangen können, Zustände zu ändern, die das Volk aus den Kirchen fernhalten?" – „Ja, das will ich damit sagen", antwortet Delp.[227]

„Sie werden beschuldigt", hat es in der Anklageschrift geheißen, „gemeinschaftlich es unternommen zu haben, mit Gewalt die Verfassung des Reiches zu ändern und den Führer seiner verfassungsmäßigen Gewalt zu berauben [...], die nationalsozialistische Regierung nötigenfalls mit einer gegen den Führer gerichteten Gewalttat zu stürzen, um sich selbst oder Ihre Gesinnungsgenossen in den Besitz der Macht zu bringen."[228] Doch um die angeblichen Putschpläne geht es in dieser Prozessfarce gar nicht mehr. Es geht um die Unverschämtheit, sich eigenständige Gedanken um die staatliche Ordnung gemacht und am Endsieg gezweifelt zu haben. Und es geht um die Schicksalsfrage, wer den entscheidenden Anspruch auf Verstand und Herz des Menschen haben soll: sein Gott und Schöpfer – oder Hitler und seine Partei. „Nur in einem sind das Christentum und wir gleich", gibt Freisler gegenüber Moltke zu, „wir fordern den ganzen Menschen!"[229]

Von Delps unglückseligem Gespräch mit Stauffenberg ist gar keine Rede mehr und auch nicht von einer Verwicklung in die Attentatspläne. Freisler reicht es völlig, dass ein Jesuitenpater vor ihm steht, die Verkörperung des katholischen Systems, das einen ähnlichen Totalanspruch erhebt wie der Nazismus und das er deshalb aus ganzer Seele hasst: „Von wem nehmen Sie Ihre Befehle? Vom Jenseits oder von Adolf Hitler?"[230] Hämisch wirft er Delp vor, bei irgendwelchen gefährlichen Diskussionen das Zimmer verlassen zu haben. „Gerade dadurch dokumentieren Sie ja selbst, daß Sie genau wussten, daß da Hochverrat getrieben wurde, aus dem Sie gerne das Köpfchen mit der Tonsur, den geweihten heiligen Mann heraushalten wollten. Der ging derweil wohl in die Kirche, um dafür zu beten, daß das Komplott auch in Gott wohlgefälliger Form gelänge."[231]

Ein paar Stunden später bekommt Freisler einen Tobsuchtsanfall, als er bei der Vernehmung von Graf Moltke auf dessen Kontakt zu Alfred Delp zu sprechen kommt. Hochrot im Gesicht, auf den Richtertisch schlagend, brüllt er Moltke an: „Ein Jesuitenpater, und ausgerechnet mit dem besprechen Sie Fragen des zivilen Widerstandes! Und den Jesuitenprovinzial kennen Sie auch! Und der war auch ein Mal in Kreisau! Ein Jesuitenprovinzial, einer der höchsten Beamten von Deutschlands gefährlichsten Feinden, der besucht den Grafen Moltke in Kreisau! Und da schämen Sie sich nicht! Kein Deutscher kann doch einen Jesuiten auch nur mit der Feuerzange anfassen!“[232]

Zwei Tage später, am 11. Januar, verkündet Freisler das Urteil: Todesstrafe für Delp, Moltke, Sperr, sieben Jahre Zuchthaus für Gerstenmaier. Delp sei „sehr aktiv mitten im Hochverrat“ des Kreisauer Kreises gestanden, habe sich „mit lauter Nichtnationalsozialisten, darunter offenkundigen Staatsfeinden“, in konspirative Planungen eingelassen und sie „aktiv vorwärts“ getrieben.[233] Delp wirkt fast erleichtert; jetzt gibt es endlich Gewissheit. Gerstenmaier erinnert sich, er habe sich ihm nach der Verhandlung „mit offenem Lachen“ zugewandt und bloß gesagt: „Also, Gerstenmaier, frisch gestorben!“[234] Allen ist klar, dass der Prozess eine schlechte Komödie war. Moltke stellt fest, vor den Gedanken einiger einsamer Männer habe der Nationalsozialismus so viel Angst, „daß er alles, was damit infiziert ist, ausrotten will. Wenn das nicht ein Kompliment ist.“[235] Delp analysiert sachlich die eigentlichen Gründe für das Todesurteil: „Glauben an eine deutsche Zukunft nach einer möglichen Niederlage [...]. Unvereinbarkeit von NS [Nationalsozialismus; CF] und Christentum. [...] Der Orden ist eine Gefahr und der Jesuit ein Schuft, wir sind grundsätzlich Feinde Deutschlands.“[236] – „Unser eigentliches Vergehen und Verbrechen ist unsere Ketzerei gegen das Dogma: NSDAP –

Drittes Reich – Deutsches Volk: leben gleich lang. Die drei sterben miteinander."[237]

Aber die Todeskandidaten vermögen auch einen Sinn in der Art der Prozessführung zu sehen: Man werde für etwas umgebracht, „was wir a. getan haben und was b. sich lohnt"[238], resümiert Moltke lakonisch wie immer. Und Delp: „Durch die Art des Prozesses hat das Leben ja ein gutes Thema bekommen, für das sich leben und sterben läßt. [...] Wenn ich sterben muß, ich weiß wenigstens warum. Wer weiß das heute von den vielen. [...] Bis jetzt habe ich noch keine Angst. Gott ist gut. Bitte beten. Von dort aus werde ich antworten."[239]

„In einer halben Stunde weiß ich mehr als Sie"

Noch drei Wochen quälendes Warten bis zur Hinrichtung. Delp schickt Gnadengesuche an den Oberreichsanwalt und an den Reichsführer SS Heinrich Himmler, ein weiteres hat seine Mutter eingereicht. Gerüchte über einen unmittelbar bevorstehenden militärischen Zusammenbruch bringen trügerische Hoffnung. Augustin Rösch ist in Bayern verhaftet und nach Berlin gebracht worden; wird es einen Schauprozess geben, für den man Delp als Belastungszeugen braucht, oder gar den erwarteten großen Kirchenprozess, der die Verstrickung in die Attentatspläne beweisen soll?

Er wundert sich, warum er verhältnismäßig wenig Angst vor dem Sterben empfindet *(s. Text 2, S. 111)*. „Ja und ganz ehrlich gesagt, ich glaube noch nicht an den Galgen."[240] Und dann stürzt er doch wieder in ein schwarzes Loch – spätestens am 23. Januar, als Moltke, Sperr und der Gewerkschafter Nikolaus Groß hingerichtet werden *(s. Text 4, S. 116)*. Am selben Tag erhält er die Nachricht von der Geburt seines Patenkindes Alfred Sebastian. Der evangelische Gefängnispfarrer Peter Buchholz hat ihm – nicht besonders sensibel – genau geschildert, wie das Sterben am Galgen vor sich geht. „Ich bin der Meinung, es genügt vollauf, wenn ich das an Ort und Stelle erfahre“[241], bemerkt Delp mit schwarzem Humor.

Sein letzter Notizzettel im Wäschepaket an die beiden treuen Helferinnen draußen umfasst nur zwei Zeilen: „Beten und glauben. Danke.“[242] Es ist der 30. Januar 1945. Am nächsten Morgen der Transport nach Plötzensee, zehn Autominuten von Tegel entfernt: die Hinrichtungsstätte. Delp hat jeden Tag damit gerechnet und doch jeden Tag gehofft, dass ein Wunder geschieht.

Jetzt lässt man ihn noch einmal zwei Tage auf den letzten Akt warten. In seiner Zelle in Plötzensee finden sich später eine zerbrochene Brille, ein Rosenkranz und die *Nachfolge Christi* des Thomas von Kempen, ein Klassiker der Betrachtungsliteratur. Am 2. Februar wird Alfred Delp, die Hände auf den Rücken gefesselt, in den Hinrichtungsschuppen geführt. An einer Schiene unter der Decke sind Fleischerhaken befestigt, an denen kräftige Hanfschlingen baumeln. Um 15 Uhr wird er hier stranguliert. Der Letzte, den er auf dem Weg in den Tod getroffen hat, war der Gefängnisoberpfarrer Buchholz. Er berichtete, Delp habe heiter gewirkt und einen einzigen Satz zu ihm gesagt: „Ach, Herr Pfarrer, in einer halben Stunde weiß ich mehr als Sie.“[243]

Alfred Delps Asche soll auf den Berliner Rieselfeldern verstreut worden sein, wo man Gemüse anbaute und mit mechanisch gereinigtem Abwasser bewässerte. Gräber oder sonstige Erinnerungsstätten durfte es von den Widerständlern nicht geben. Heinrich Himmler wollte die Asche der Hingerichteten ursprünglich auf den Getreidefeldern verteilen lassen. Doch Reichsmarschall Hermann Göring hatte eine noch perfidere Idee: „über den Acker ist zu anständig. Streuen Sie die Asche über die Rieselfelder.“[244]

6. Charisma

Was den Menschen und Christen Alfred Delp ausmachte

„Ich sitze oft da vor dem Herrn und schaue ihn nur fragend an"[245]

Delp ist nur 37 Jahre alt geworden. Da ist ein Mensch ausgereift und doch noch nicht fertig. Was er als Priester machen wollte – schreibend und diskutierend in die geistige Auseinandersetzung eingreifen, predigen, sich um soziale und seelische Nöte kümmern –, hat man behindert und verboten. Was wäre aus Delp geworden, hätte er das Dritte Reich überlebt? Wie wäre ein sechzig- oder achtzigjähriger Delp zu Gesellschaft und Kirche gestanden?

Wir haben viele Texte von ihm und eine Menge Erinnerungen von Zeitzeugen und wissen doch kaum, wie er war. Mitreißend, inspirierend muss er gewesen sein, hilfsbereit auf eine sehr praktische, zupackende Weise – und dann wieder distanziert, leicht spröde, seine geistige Überlegenheit ausspielend. Angewiesen auf Freundschaft und Intimität und doch unter Blockaden leidend wie nicht wenige Intellektuelle. „Vertrauen und glauben!", ermuntert er seinen Schüler Elmar Mühlbauer, mit dem er auch nach der gemeinsamen Zeit in St. Blasien in freundschaftlichem Briefverkehr bleibt. „An Dich selbst, an den Sinn im Leben, an Deine Kraft […]." Und dann die hintergründige Aufforderung: „Ich freue mich über jede Zeile von

Alfred Delp 1935. Das Foto trägt auf der Rückseite den handschriftlichen Vermerk „Abreise Sept. 1935"

Dir. Wir sind doch auch nicht nur Menschen, die scheu und fremd nebeneinander herlaufen. Da gehen doch auch himmlische Brücken herüber und hinüber."[246]

Über sein Innenleben hat Alfred Delp nur sehr sparsam gesprochen – da war er nüchtern und wortkarg wie die meisten Jesuiten. Was ihn erfüllt und getrieben hat, lässt sich eher aus seinen allgemeinen Aussagen erschließen. Zum Beispiel aus dem häufig wiederkehrenden Appell, dass Glaube weniger Zustimmung zu irgendwelchen Lehren bedeutet als existentielle Erfahrung: „Leben wir aus dem, was an uns geschehen ist, was wirklich ist; lassen wir das wieder aufwachen und geben wir ihm Raum in unserem Bewußtsein, in unserer Liebe, in unserer Treue, und wir werden mit dem Leben fertig werden."[247]

„Wer von der Kommunionbank wieder aufsteht", so beschreibt er einmal diesen von innen her glühenden, Gott erlebt habenden Christen, „dessen Leben muß Zeugnis davon geben, daß er diesen letzten Segen, diese letzte Weihe bekommen hat; das muß ein Mensch werden, der alles Unterwegs aushält, weil es dauernd erfüllt ist und weil dauernd der Unruhe des Menschen zum Herrgott eine Unruhe des Herrgotts zum Menschen entspricht, die bewirkt, daß er immer wieder neu sich auf unsere Seite schlagen und unser Schicksal teilen und wandeln will."[248]

Glaube ist für ihn so etwas wie entschlossene Liebe: Hingabe der ganzen Person. „Es handelt sich hier um mehr als um die Annahme von Wahrheit auf Grund der Bürgschaft des Herrgotts. Dies ist der Anfang und das mindeste, was der Mensch an Offenheit und Willigkeit mitbringen und leisten muß. Wer seine Welt auf den Raum des Ergreifens und Begreifens einschränkt, der kommt gar nie in die Nähe des lebendigen Gottes. [...] Dieser Entschluß muß sich zu einem personalen Wort, einer personalen Treue verdichten. Da erst wird er richtig lebendig und lebensspendend."[249]

Lediglich zwei Textgruppen aus Alfred Delps umfangreichem Nachlass geben uns unmittelbar Auskunft darüber, wie er tief im Herzen gefühlt und gedacht hat. Das sind einmal die Aufzeichnungen aus den vierwöchigen Großen Exerzitien in der Tradition des Ignatius von Loyola, die jeder Jesuit am Ende seiner langen Ausbildung zu absolvieren hat. Damals – im Herbst 1938 – war er gerade 30 Jahre alt geworden. „Ich muß persönlich mit meinem Gott leben. Ich zu Du"[250]; diese Erkenntnis zieht sich wie ein roter Faden durch jene Notizen. „Froh werden an Gott und ihm mit dem Herzen begegnen. [...] Ihn lieben lernen und ihn in mir finden."[251] – „Gott gern haben, ihm persönlich nahe kommen. [...] Freude haben an Gott. – Gottes Güte weiter tragen. [...] Persönliche Nähe zu Christus; nicht dem Ideal, sondern der Person."[252]

Die zweite Textgruppe, die einen Blick in Delps Herz erlaubt, ist die Sammlung von Kassibern aus der Haft, in trostloser Situation im Angesicht des Todes entstanden. In der Wüste fällt aller Schein vom Menschen ab, gibt es keinen Schutzpanzer und keine Pose mehr, nur noch Gott und Mensch allein. „Jetzt erst wird Gott die eigentliche und eigenste Kraft und schöpferische Unruhe", schreibt er aus der Zelle von Tegel. „Halten wir Ihm halt weiter die gefesselten Hände als Anerkennung der inneren Bindung hin und setzen wir weiterhin die ganze Existenz auf ihn. Daß sich das ganze Leben so in ein Wort der Anbetung und Übergabe sammeln kann! Und auch des Vertrauens!"[253]

Gott nahe kommen – und ihn den Menschen bringen. Gott in sich finden – und nach außen ausstrahlen. Gott und die Menschen. Himmel und Erde. Delps Spiritualität bringt immer wieder beide Stoßrichtungen zusammen, unter dem gemeinsamen Vorsatz: „Ich muß den Sprung tun – weg von mir."[254] Das führt dazu, dass Delps Religiosität niemals hart oder bigott werden kann. Gleichwohl geht es darum, den Respekt vor dem Schöpfer

Hinrichtungsstätte Berlin-Plötzensee: An einem Fleischerhaken unter der Decke wurde Delp am 2. Februar 1945 gehenkt

wiederzufinden: Statt der verbreiteten gemütlich-behäbigen Frömmigkeit, die dem Vater im Himmel gern ein Gebet und eine Sonntagsmesse schenkt, solange er mir nicht zu direkt in mein Leben hineinreden will, die Anerkennung seiner Majestät. Klare Verhältnisse: Gott setzt die Maßstäbe, wir sind seine Kreatur.

Karl Rahner hat dazu ermuntert, von seinem Schüler Delp – den er um vier Jahrzehnte überlebte – in seinen altmodischen Fragestellungen zu lernen. Denn „gerade weil sie nicht in unsere Zeit hineinzupassen scheinen", hätten sie uns in ihrer „naiv anmutenden Unmittelbarkeit" etwas zu sagen.[255] Das gilt möglicherweise auch für Sätze wie diese: „Unser Gottesbegriff muß wieder groß, markant und herrscherlich werden. Auch hart. Dann wird auch die Liebe, die wir verkünden, herb und kräftig und man kann ihr vertrauen."[256]

Weil der Mensch nur mit Gott zusammen Mensch ist, weil er Gottes wieder fähig und teilhaft werden muss[257], haben die Christen die Anbetung wieder zu üben: vor Gott stehen oder knien in Respekt, entschlossener Hingabe, demütiger Freude. Aus dem Gefängnis Tegel ertönt ein Weihnachtsruf von erstaunlicher Kraft: „Laßt uns Gott wieder rühmen in Anbetung, Verkündigung und Jubel und wir werden wieder Worte zu sagen haben voll Gehalt und Wert, wir werden wieder Gesichte schauen und Geheimnisse wissen, und das Leben wird wieder nach der Entscheidung und Einsicht und Botschaft des Geistes fragen und nicht nur nach der größeren Wucht des größeren Triebes."[258]

Aber die Anbetung gilt dem Kind, das die Armen befreien und die Welt richten wird. Deshalb verschränkt sie sich bei Alfred Delp zwangsläufig mit dem Kampf für gerechtere irdische Lebensverhältnisse. Menschenwürde und Anerkennung des Schöpfergottes gehören zusammen. Es ist eigentlich schon jenes Ineinander von „Kampf und Kontemplation", das man aus der lateinamerikanischen Befreiungstheologie[259] kennt oder aus Taizé: Den auferstandenen Christus hat keiner nur für sich allein. Wer betet, tut es aus Liebe. Wer kämpft, um der geschändeten, entrechteten Kreatur ihr Menschengesicht wiederzugeben, tut es ebenfalls aus Liebe.

Deshalb widerspricht der des Hochverrats angeklagte Priester so leidenschaftlich, als ihn Roland Freisler auf die Rolle des Seelentrösters und Jenseitspredigers festlegen will. „Solange der Mensch menschenunwürdig und unmenschlich leben muß", hält er Freisler entgegen, kann er „weder beten noch denken"[260]. Wer die Majestät Gottes anerkennt, muss sich um das Schicksal seiner Geschöpfe sorgen. Anbetung bleibt zwangsläufig nicht auf einen privaten Raum zwischen Gott und Einzelseele beschränkt, sondern zielt auf Menschwerdung des Menschen und Humanisierung der Gesellschaft ab.

Von Delp lässt sich lernen, dass es zu wenig ist, die Wahrheit zu kennen: sie muss getan werden. Aber auch das realistische Wissen um das Risiko können wir ihm abschauen: Bewusst leben heißt immer am Rand des Abgrunds laufen und begreifen, „daß die ganze Kunst doch die ist, nicht abzurutschen."[261] Und Gott ist immer an unserer Seite, auch wenn er schweigt. „Wenn wir müde sind und verzagen, sollen wir nicht zuerst die Übermacht der Schicksale messen und aufzählen, sondern nur fragen, ob wir nahe genug bei Gott sind und ob wir genug gerufen haben."[262]

Wer den „Lasten Gottes" nicht ausweicht, notiert Delp in der Zelle von Tegel am Vorabend seines letzten Weihnachtsfestes, wer dem Leben in seiner Härte die Treue hält, der wird es in aller Trostlosigkeit plötzlich silbern glänzen sehen, „dem werden die inneren Brunnen der Wirklichkeit entsiegelt."[263]

Die Wüste gehört zum Leben, sie schmerzt und befreit, sie konfrontiert den Menschen mit der eigenen Jämmerlichkeit und lässt die großen Entschlüsse wachsen. „Die Wüsten müssen bestanden werden. Und ich weiß dies: Ich bin nicht allein [...], der Stern wird über der Wüste stehen."[264] *(s. Text 10, S. 131)*

7. Texte von Alfred Delp

1 Ich bemühe mich, kein Kleinholz zu machen

LL, ob dies ein Abschiedsbrief ist oder nicht, ich weiß es nicht. Das wissen wir heute ja nie. Ich schreibe diese Zeilen, von denen ich nicht weiß, ob und wann sie Dich erreichen, nicht als „letzten Gruß". Irgendwo glaube ich fest und sicher an das Leben und an eine neue Sendung, wobei ich genau so ehrlich bin zu sagen, daß ich mit Menschenaugen wenig Möglichkeit dafür sehe. [...]

Was Eleganz und Selbstsicherheit hieß, das ist alles ganz und gründlich zerbrochen. Schmerzlich. Hab keine Sorge, ich bemühe mich, kein Kleinholz zu machen, auch wenn es an den Galgen gehen sollte. Gottes Kraft geht ja alle Wege mit. Aber es ist manchmal schon etwas schwer. Georg war in manchen Stunden nur mehr ein blutiges Wimmern. – Inzwischen ist Abend. Wir kommen heute wenig zum Schreiben, da wir die meiste Zeit, tags und auch nachts gefesselt sind. –

Aber Georg hat immer wieder versucht, dieses Wimmern zu verwandeln in die beiden einzigen Wirklichkeiten, um derentwillen es sich lohnt, da zu sein: Anbetung und Liebe. Alles andere ist falsch. Glaub mir, diese Wochen sind wie ein bitteres und unerbittliches Gericht über das vergangene Leben. Es ist ja nicht vergangen. Es steht da als große Frage und will seine letzte Antwort, seine Prägung. Wenn ich noch einmal darf...

Ja, wenn und ob ich noch einmal darf! Gott hat mich einmal so ausweglos gestellt. Aber, was ich unternommen habe, ist mißlungen. Eine Tür um die andere ist zugefallen. Auch solche, die ich für endgültig offen hielt. Von außen kam keine

Hilfe, konnte wohl auch nicht. Was innen passiert, darüber sei lieber geschwiegen aus Ehrfurcht vor dem Menschen. So bin ich jetzt gestellt, in eine enge Zelle gesperrt und gebunden: es gibt nur zwei Auswege: den über den Galgen in das Licht Gottes und den über das Wunder in eine neue Sendung. [...] Fragte ich gestern einen protestantischen Mitbruder, ob wir noch einmal Gottesdienst hielten? Aber sicher, sagte er. Eher hoff ich mich zu Tod, als daß ich im Unglauben krepiere.

Brief aus der Todeszelle [1944][265]

2 Ich glaube noch nicht an den Galgen

Bis jetzt hat mir der Herrgott sehr herrlich und herzlich geholfen. Ich bin noch nicht erschrocken und noch nicht zusammengebrochen. Die Stunde der Kreatur wird schon auch noch schlagen. Manchmal kommt eine Wehmut über mich, wenn ich an das denke, was ich noch tun wollte. Denn jetzt bin ich ja erst Mensch geworden, innerlich frei und viel echter und wahrhafter, wirklicher als früher. Jetzt erst hat das Auge den plastischen Blick für alle Dimensionen und die Gesundheit für alle Perspektiven. Die Verkürzungen und Verkümmerungen beheben sich. [...]

Ja, und ganz ehrlich gesagt, ich glaube noch nicht an den Galgen. Ich weiß nicht, was das ist. Vielleicht eine große Gnade und Hilfe des väterlichen Gottes, der mich so die Wüste bestehen läßt, ohne in ihr verdursten zu müssen. Während der ganzen Verhandlung, auch als ich merkte, das „Wunder" bleibt aus, war ich weit oben drüber und unberührbar durch all die Vorgänge und Aussichten. Ist das das Wunder oder was ist das? Ich bin Gott gegenüber wirklich in einiger Verlegenheit und muß mir darüber klar werden.

Diese ganzen bitteren Monate der Reife und des Unglücks stehen unter einem ganz eigenartigen Gesetz. Von der ersten Minute an war ich innerlich sicher, es würde alles gut gehen. Gott hat mich in dieser Sicherheit immer wieder bestärkt. Ich habe in diesen letzten Tagen gezweifelt und überlegt, ob ich Selbsttäuschungen zum Opfer gefallen bin, ob sich mein Lebenswille in religiöse Einbildungen sublimiert hat oder was das war. Aber diese vielen spürbaren Erhebungen mitten im Unglück; diese Sicherheit und Unberührtheit in allen Schlägen; dieser gewisse „Trotz“, der mich immer wissen ließ, es wird ihnen die Vernichtung nicht gelingen; diese Tröstungen beim Gebet und beim Opfer; diese Gnadenstunden vor dem Tabernakel; diese erbetenen und immer wieder gegebenen und gewährten Zeichen: ich weiß nicht, ob ich das alles jetzt wegtun darf. Soll ich weiter hoffen? Will der Herrgott das Opfer, das ich ihm nicht versagen will oder will er die Bewährung des Glaubens und Vertrauens bis zum äußersten Punkt der Möglichkeit? […] Ich weiß nicht. Normalerweise ist ja gar keine Aussicht mehr. Die Atmosphäre hier ist so verdorben für mich, daß auch ein Gnadengesuch überhaupt keine Aussicht hat. Ist es nun Torheit, noch zu hoffen, oder Einbildung oder Feigheit oder Gnade? Ich sitze oft da vor dem Herrn und schaue ihn nur fragend an.

Auf jeden Fall muß ich mich innerlich gehörig loslassen und mich hergeben. Es ist Zeit der Aussaat, nicht der Ernte. Gott sät; einmal wird er auch wieder ernten. Um das eine will ich mich mühen: wenigstens als fruchtbares und gesundes Saatkorn in die Erde zu fallen. Und in des Herrgotts Hand. Und mich gegen den Schmerz und die Wehmut wehren, die mich manchmal anfallen wollen. Wenn der Herrgott diesen Weg will, – und alles Sichtbare deutet darauf hin – dann muß ich ihn freiwillig und ohne Erbitterung gehen. Es sollen einmal andere besser und glücklicher leben dürfen, weil wir gestorben sind.

Ich bitte auch die Freunde, nicht zu trauern, sondern für mich zu beten und mir zu helfen, solange ich der Hilfe bedarf. Und sich nachher darauf zu verlassen, daß ich geopfert wurde, nicht erschlagen. Ich hatte nicht daran gedacht, daß dies mein

Weg sein könnte. Alle meine Segel wollten steif vor dem Wind stehen; mein Schiff wollte auf große Ausfahrt, die Fahnen und Wimpel sollten stolz und hoch in allen Stürmen gehißt bleiben. Aber vielleicht wären es die falschen Fahnen geworden oder die falsche Richtung oder für das Schiff die falsche Fracht und unechte Beute. Ich weiß es nicht. Ich will mich auch nicht trösten mit einer billigen Herabminderung des Irdischen und des Lebens. Ehrlich und gerade: ich würde gerne noch weiterleben und gern und jetzt erst recht weiter schaffen und viele neue Worte und Werte verkünden, die ich jetzt erst entdeckt habe. Es ist anders gekommen. Gott halte mich in der Kraft, ihm und seiner Fügung und Zulassung gewachsen zu sein.

Es bleibt mir noch, vielen Menschen für ihre Treue und Güte und Liebe zu danken. Dem Orden und den Mitbrüdern, die mir einen schönen und echten geistigen Lebensraum schenkten. Und den vielen echten Menschen, denen ich begegnen durfte. Wer gemeint ist, weiß es schon. Ach, Freunde, daß die Stunde nicht mehr schlug und der Tag nicht mehr aufging, da wir uns offen und frei gesellen durften zu dem Wort und Werk, dem wir innerlich entgegenwuchsen. Bleibt dem stillen Befehl treu, der uns innerlich immer wieder rief. Behaltet dieses Volk lieb, das in seiner Seele so verlassen und so verraten und so hilflos geworden ist. Und im Grunde so einsam und ratlos, trotz all der marschierenden und deklamierenden Sicherheit. Wenn durch einen Menschen ein wenig mehr Liebe und Güte, ein wenig mehr Licht und Wahrheit in der Welt war, hat sein Leben einen Sinn gehabt.

Und auch die will ich nicht vergessen, denen ich Schuldner bleiben muß. Ich bin vielen vieles schuldig geblieben. Denen ich wehe getan, sie mögen mir verzeihen. Ich habe gebüßt. Zu denen ich unwahr und unecht war, sie mögen mir verzeihen. Ich habe gebüßt. Zu denen ich anmaßend und stolz und lieblos war, sie mögen mir verzeihen. Ich habe gebüßt. O ja, in den Kellerstunden, in den Stunden der gefesselten Hände des Körpers und des Geistes, da ist vieles zerbrochen. Da ist vieles ausgebrannt, was nicht würdig und wertig genug war.

So lebt denn wohl. Mein Verbrechen ist, daß ich an Deutschland glaubte auch über eine mögliche Not- und Nachtstunde hinaus. Daß ich an jene simple und anmaßende Drei-Einigkeit des Stolzes und der Gewalt nicht glaubte. Und daß ich dies tat als katholischer Christ und als Jesuit. Das sind die Werte, für die ich hier stehe am äußersten Rande und auf den warten muß, der mich hinunterstößt: Deutschland über das Heute hinaus als immer neu sich gestaltende Wirklichkeit – Christentum und Kirche als die geheime Sehnsucht und die stärkende und heilende Kraft dieses Landes und Volkes – der Orden als die Heimat geprägter Männer, die man haßt, weil man sie nicht versteht und kennt in ihrer freien Gebundenheit oder weil man sie fürchtet als Vorwurf und Frage in der eigenen anmaßenden, pathetischen Unfreiheit.

Und so will ich zum Schluß tun, was ich so oft tat mit meinen gefesselten Händen und was ich tun werde, immer lieber und mehr, solange ich noch atmen darf: segnen. Segnen Land und Volk, segnen dieses liebe deutsche Reich in seiner Not und inneren Qual; segnen die Kirche, daß die Quellen in ihr wieder reiner und heller fließen; segnen den Orden, daß er echt und geprägt und frei sich selbst treu bleibt durch die selbstlose Treue an alles Echte und an alle Sendung; segnen die Menschen, die mir geglaubt und vertraut haben; segnen die Menschen, denen ich Unrecht tat; segnen alle, die mir gut waren, oft zu gut.

Behüt Euch Gott. Helft meinen alten Eltern über die schweren Tage hinweg und behaltet sie auch sonst etwas in Eurer Sorge. Allen des Herrgotts gnädigen Schutz.

Ich aber will hier ehrlich warten auf des Herrgotts Fügung und Führung. Ich werde auf ihn vertrauen, bis ich abgeholt werde. Und ich werde mich bemühen, daß mich auch diese Lösung und Losung nicht klein und verzagt findet.

Brief aus der Todeszelle [1945][266]

3 Das Gewissen läßt sich nicht fremdbestimmen

Der Mensch ist auf sein Gewissen gestellt. Das ist eine grundlegende Tatsache, und es ist die einzige und letzte Tatsache, die den Menschen rettet, jetzt zu sich selbst und einmal vor dem Forum des Ganzen, vor dem er über seinen Beitrag zur Wahrung und Förderung des Seinskosmos Rede und Antwort zu stehen hat. Die Befreiung des Menschen aus den Formen untermenschlichen Daseins geschieht endgültig durch die Rückführung zu sich selbst im Gewissen. Über dieses Gewissen sei hier nur noch das eine angemerkt, daß, wer dem Menschen ans Gewissen geht, es verbildet oder vergewaltigt, ihm eben jenen Schaden zufügt, gegen den alle Schätze und Vorteile der Welt ein Nichts sind. Es kann keinen Grund geben, keine Nützlichkeit und keine leichtere Führungsmöglichkeit und auch keine noch so „fromme" Absicht und Ausrede, den Menschen des Gewissens zu entwöhnen oder seine Bildung zur vollen Tüchtigkeit des Gewissens zu versäumen und zu vernachlässigen. Menschen, die zu einer echten Fertigkeit und Tüchtigkeit des Gewissens gelangt sind, tragen ihre eigene Art, fällen ihr eigenes Urteil, sind unbequem für jedes Schema, lästig für jede, auch die fromme Vermassung und Entmündigung, aber sie sind bei sich, decken den Wechsel ihres Lebens mit ihrer eigenen Unterschrift und sind deshalb vollgültige Repräsentanten der Idee und vollwertige Träger der Wirklichkeit Mensch. [...]

Und noch eines sei beigefügt: der Mensch, der sich ans Gewissen gehen läßt, der sich Urteile (Befunde über die Wirklichkeit, die er selbst ist!) von seinsfremden und unlegitimierten Instanzen vorsagen und aufzwingen, der sich Entscheidungen vorgeben läßt, für die er nicht mit dem letzten Blutstropfen einstehen kann, und sei es um den Preis der Ruhe und der Sicherheit und der innerweltlichen Wohlgeborgenheit, der ist ein Verräter seiner selbst im Letzten seiner Wirklichkeit und damit der Wirklichkeit überhaupt. Der hat von sich aus das Ganze verdorben, und so wird er das Ganze verlieren, weil er ihm seinsfremd geworden ist.

Der Mensch vor sich selbst[267]

4 Mit gefesselten Händen

23. Januar 1945

An Alfred Sebastian Keßler

Lieber Alfred Sebastian,

als große Freude und Ermunterung erhielt ich heute die Nachricht von Deiner Geburt. Ich habe Dir gleich mit meinen gebundenen Händen einen kräftigen Segen geschickt, und da ich nicht weiß, ob ich Dich im Leben je sehen werde, will ich Dir diesen Brief schreiben, von dem ich aber auch nicht weiß, ob er je zu Dir kommen wird.

Du hast Dir für den Anfang Deines Lebens eine harte Zeit ausgesucht. Aber das macht nichts. Ein guter Kerl wird mit allem fertig. Du hast gute Eltern, die werden Dich schon lehren, wie man die Dinge anpackt und meistert.

Und Du hast Dir zwei gute Namen geben lassen. [...] Sebastian, das war ein tapferer Offizier des Kaisers und des Herrgotts, da aber der Kaiser von Gott nichts wissen wollte, machte er aus seiner Torheit spitze Pfeile des Hasses und des Mißtrauens und ließ damit seinen Offizier zusammenschießen. Sebastian kam noch einmal zu sich, mit zerschundenem Körper und ungebrochenem Geist. Er hielt dem Kaiser seine Torheit vor, der ihn für seinen Freimut erschlagen ließ. Das aber kannst Du ja überall lesen und Deine Eltern werden es Dir längst erzählt haben, liebes kleines Patenkind. Ich will Dich nur daran erinnern, daß in Deinen Namen eine hohe Pflicht liegt, man trägt seine Namen würdig und ehrenhaft, mutig und zäh und standhaft mußt Du werden, wenn Deine Namen Wahrheit werden sollen in Deinem Leben.

Ja, mein Lieber, ich möchte Deinem Namen auch noch eine Last, ein Erbe zufügen. Du trägst ja auch meinen Namen. Und ich möchte, daß Du das verstehst, was ich gewollt habe, wenn wir uns nicht richtig kennenlernen sollten in diesem Leben; das war der Sinn, den ich meinem Leben setzte, besser, der ihm gesetzt wurde: die Rühmung und Anbetung Gottes vermehren; helfen, daß die Menschen nach Gottes Ordnung und in Gottes Freiheit leben und Menschen sein können. Ich wollte helfen und will helfen einen Ausweg zu finden aus der großen Not, in die wir Menschen geraten sind und in der wir das Recht verloren, Menschen zu sein. Nur der Anbetende, der Liebende, der nach Gottes Ordnung Lebende, ist Mensch und ist frei und lebensfähig. [...]

Lieber Alfred Sebastian, es ist viel, was ein Mensch in seinem Leben leisten muß. Fleisch und Blut allein schaffen es nicht. Wenn ich jetzt in München wäre, würde ich Dich in diesen Tagen taufen, das heißt: ich würde Dich teilhaft machen der göttlichen Würde, zu der wir berufen sind. Die Liebe Gottes, einmal in uns, adelt und wandelt uns. Wir sind von da an mehr als Menschen, die Kraft Gottes steht uns zur Verfügung, Gott selbst lebt unser Leben mit, das soll so bleiben und immer mehr werden, Kind. Daran hängt es auch, ob ein Mensch einen endgültigen Wert hat oder nicht. Und er wird ein wertvoller Mensch werden.

Ich lebe hier auf einem sehr hohen Berg, lieber Alfred Sebastian. Was man so Leben nennt, das ist weit unten, in verschwommener und verworrener Schwärze. Hier oben treffen sich die menschliche und göttliche Einsamkeit zu ernster Zwiesprache. Man muß helle Augen haben, sonst hält man das Licht hier nicht aus. Man muß gute Lungen haben, sonst bekommt man keinen Atem mehr. Man muß schwindelfrei sein, der einsamen, schmalen Höhe fähig, sonst stürzt man ab und wird ein Opfer der Kleinheit und Tücke. Das sind meine Wünsche für Dein Leben, Alfred Sebastian: helle Augen, gute Lungen und die Fähigkeit, die freie Höhe zu gewinnen und auszuhalten. Das wünsche ich nicht nur Deinem Körper und Deinen äußeren Entwicklungen und Schicksalen, das wünsche ich viel mehr Deinem innersten Selbst, daß Du Dein Leben mit Gott lebst als Mensch in der Anbetung, in der Liebe, im freien Dienst.

Es segne und führe Dich der allmächtige Gott, der Vater, der Sohn und der Heilige Geist.

Dein Patenonkel Alfred Delp

Brief aus der Todeszelle an seinen Patensohn [1945][268]

5 Wie der Mensch zum Menschen wird

Es soll ein echtes Erwachen des Menschen zu sich selbst sein, was geschieht: ein Erwachen des Menschen zu seinen Werten und Würden, zur ehrlichen Erkenntnis seiner göttlichen und seiner humanen Möglichkeiten; eine Überwindung aber zugleich der schweifenden, ungebundenen Kräfte und Leidenschaften, in denen der Mensch in seinem eigenen Namen und in aller Verliebtheit in sich selbst den Menschen zerstört hat. Dies soll keine Rede wider die Leidenschaft sein. Wehe dem Menschen, der ohne sie zu leben versucht. Auch dies wäre ein Weg unter den Menschen hinab. Der Mensch soll sich noch einmal begegnen, schon als Sturm, der entfacht, schon als Glut und Feuer. Und doch muß diesen elementaren Ereignissen, die wir meinen, das Zerstörerische genommen werden, das Grenzenlose und Uferlose, das den Menschen aufgelöst und zerfetzt hat. Die Leidenschaft des Menschen zu sich selbst, um die es geht, muß in eine Verhaltenheit eingefangen werden, die ihr alles läßt an Wucht und Feuer und ernster wirkender Liebe zum Menschen: die ihr aber zugleich alles nimmt, was jeder Leidenschaft leicht eignet an Blindheit, an Verlorenheit, an Distanz- und Instinktlosigkeit.

Der Mensch soll und will noch einmal werden. Er zerstört sich selbst, weil er sich nur als Mensch meinte und nur in der Kraft und Ordnung des Menschlichen. Der Mensch ist falsch und unglücklich, allein mit sich selbst. Es gehört der andere Mensch dazu, es gehört die Gemeinschaft dazu, es gehört die Welt dazu und der Dienst an ihr – und es gehört das Ewige dazu. Nein, der Ewige. Es soll die Zeit des theonomen Humanismus werden. [...]

1. Es geht nicht ohne „Existenzminimum“ an gesichertem Raum, gesicherter Ordnung und Nahrung. Dieser Sozialismus des Minimums ist nicht das Letzte, was auf diesem Gebiet zu sagen und zu fordern ist, sondern das Erste, der Anfang. Aber kein Glaube und keine Botschaft, kein Imperium und kein Jahrhundert der Wissenschaft und Technik, keine Gescheitheit und keine Kunst helfen dem Menschen, wo dieses Minimum als gesicherte Stetigkeit nicht zur Verfügung steht.
2. Es geht nicht ohne ein Minimum von Wahrhaftigkeit in jedem Belang.
3. Es geht nicht ohne ein Minimum von Personalität und Solidarität. Solidarität organisch-hierarchisch verstanden.
4. Es geht nicht ohne ein Minimum von allgemeiner Hingabe an die Transzendenz. Wie immer die Idee oder das Ideal einer Zeit beschaffen sein mag, mag es auch von der vollen Wahrheit nur noch ein Schatten sein: jede irrige Idee und jedes falsche Ideal sind der öden, massenhaften Gedankenlosigkeit vorzuziehen, da sie im Menschen eine gewisse Lebendigkeit für das Geistige überhaupt erwecken, ohne die der Ort des Anrufes durch die ganze Wahrheit verödet und verdirbt.
5. Es geht nicht ohne ein Minimum von Transzendenz. Der Geist, der Mensch muß über sich selbst hinaus wollen, wenn er überhaupt Mensch bleiben will.

   Theonomer Humanismus [1944/45][269]

6 Den Menschen wieder gottesfähig machen

Ich bleibe bei meiner alten These: der gegenwärtige Mensch ist weithin nicht nur gott-los, rein tatsächlich oder auch entscheidungsmäßig, es geht die Gottlosigkeit viel tiefer. Der gegenwärtige Mensch ist in eine Verfassung des Lebens geraten, in der er Gottes unfähig ist. Alle Bemühungen um den gegenwärtigen und kommenden Menschen müssen dahin gehen, ihn wieder gottesfähig und somit religionsfähig zu machen.

Worin diese Gottesunfähigkeit besteht? Sie besteht in einer Verkümmerung bestimmter menschlicher Organe, die ihre normale Funktion nicht mehr leisten. Ebenso in einer Struktur und Verfassung des menschlichen Lebens, die den Menschen überbeanspruchen, ihm nicht mehr erlauben, er selbst zu sein [...]

Ich kann predigen, so viel ich will und Menschen geschickt oder ungeschickt behandeln und wieder aufrichten, solange ich will: solange der Mensch menschenunwürdig und unmenschlich leben muß, solange wird der Durchschnitt den Verhältnissen erliegen und weder beten noch denken. Es braucht die gründliche Änderung der Zustände des Lebens. Die Revolution des 20. Jahrhunderts braucht endlich ihr endgültiges Thema und die Möglichkeit der Schaffung erneuter beständiger Räume des Menschen.

Ich mag aber – die derzeitige Verfassung der Mehrzahl der Menschen vorausgesetzt – die Dinge ändern wie immer und sie diesem Menschen überlassen, so werden sie über kurz oder lang aufs neue vermurkst sein. Dieser Mensch ist krankhaft lebensunkundig geworden. Es muß ein eigenes, intensives Bemühen aufgewendet werden, den Menschen wieder seelisch und geistig bodenständig zu machen. Dazu gehören: Erziehung zur Selbständigkeit, Verantwortung, Urteilsfähigkeit, Gewissensfähigkeit; Erziehung zur Gesellung und echter Geselligkeit; Überwindung all der unzähligen Vermassungserscheinungen; Erziehung zur Transzendenz genauso wie zur Immanenz; Bildung zur Sache, zum Menschen, zu Gott hin. Dies alles hängt nämlich ineinander, und das eine geht ohne das andre nicht. Nur der Mensch eines Minimum an geistiger Wachheit, persönlicher Lebendigkeit und sachhafter Lebenskundigkeit wird überhaupt fähig sein, den Namen und das Wort Gottes noch einmal zu vernehmen und die Ordnung Gottes noch einmal anzuerkennen und zu vollziehen. Beides geht nicht ohne Ausrichtung nach dem Gesetz Gottes. Die neue Ordnung der Welt muß die geschichtlich-fällige Form der Ordnung Gottes sein, sonst gibt es einen neuen Turmbau und einen neuen Einsturz. [...] Ob das nun eine Erziehung des Menschen zu Gott ist? Erst die unterste Voraussetzung. Erst die Bemühung um eine Ordnung und Verfassung des Lebens, in der ein Blick auf Gott für den Menschen nicht mehr eine übermenschliche Anstrengung bedeutet. Die Mühe um eine Verfassung des Daseins, in der das Menschenherz auch in seinen Sehnsüchten wieder gesund wird und so unruhig in jener heiligen Unruhe, die erst in Gott zu sich kommt und deshalb auch Gott wieder meint. Dann allerdings bedarf es erst der Hauptsache, des von Gott erfüllten und Gottes mächtigen gleichartigen Menschen, der den andern anspricht und anruft.

Alle die direkten religiösen Bemühungen halte ich in der gegenwärtigen geschichtlichen Stunde für ohne dauerhafte Fruchtbarkeit. Solange der Mensch an der Straße liegt, blutig geschlagen und ausgeplündert, wird ihm der der Nächste und damit der Zuständigste sein, der sich seiner annimmt und ihn beherbergt, nicht aber einer, der zum „heiligen Dienst“ vorbeigeht, weil er hier nicht zuständig ist. [...] Es muß um den Menschen gehen, der an der Straße liegt, um seine Wiederherstellung und um die Entbindung des innersten Wertes seines Herzens und seines Gemütes. Es muß um den Menschen der

Ehrfurcht, der Anbetung und der Liebe gehen. Nur dieser ist Mensch. All das andere ist Weg. Weiter, weiter und notwendiger Weg. Wir müssen ihn gehen, bis die wenigen Lichter der anbetenden und liebenden Herzen wieder angezündet sind. Dann ist die Menschheit wieder einmal für eine Stunde zu Hause, aber ihrem unruhigen Geist entspringen dann schon die Pläne zu einer neuen Fahrt.

Die Erziehung des Menschen zu Gott [1944/45][270]

7 Den Engel in der Todesfinsternis sehen

Den diesjährigen Advent sehe ich so intensiv und ahnungsvoll wie noch nie. Wenn ich in meiner Zelle auf und ab gehe, drei Schritte hin und drei Schritte her, die Hände in Eisen, vor mir das ungewisse Schicksal, dann verstehe ich ganz anders als sonst die alten Verheißungen vom kommenden Herrn, der erlösen und befreien wird. Und immer kommt mir dabei in die Erinnerung der Engel, den mir vor zwei Jahren zum Advent ein guter Mensch schenkte. Er trug das Spruchband: Freut euch, denn der Herr ist nahe. Den Engel hat die Bombe zerstört. Den guten Menschen hat die Bombe getötet und ich spüre oft, daß er mir Engelsdienste tut. Der Schrecken dieser Zeit wäre nicht auszuhalten – wie überhaupt der Schrecken, den uns unsere Erdensituation bereitet, wenn wir sie begreifen –, wenn nicht dieses andere Wissen uns immer wieder ermunterte und aufrichtete, das Wissen von den Verheißungen, die mitten im Schrecken gesprochen werden und gelten.

Und das Wissen von den leisen Engeln der Verkündigung, die ihre Segensbotschaft sprechen in die Not hinein und ihre Saat des Segens ausstreuen, die einmal aufgehen wird mitten in der Nacht. Es sind noch nicht die lauten Engel des Jubels und der Öffentlichkeit und der Erfüllung, die Engel des Advent. Still und unbemerkt kommen sie in die Kammern und vor die

Herzen wie damals. Still bringen sie die Fragen Gottes und künden uns die Wunder Gottes, bei dem kein Ding unmöglich.

Der Advent ist trotz allem Ernst geborgene Zeit, weil an ihn eine Botschaft erging. Ach, wenn die Menschen einmal nichts mehr wissen von der Botschaft und den Verheißungen, wenn sie nur noch die vier Wände und die Kerkerfenster ihrer grauen Tage erleben und nicht mehr die leisen Sohlen der kündenden Engel vernehmen und ihr raunendes Wort uns die Seele nicht mehr erschüttert und erhebt zugleich, dann ist es geschehen um uns. Dann leben wir verlorene Zeit und sind tot, lange bevor sie uns etwas antun.

An den goldenen Samen Gottes glauben, den die Engel ausgestreut haben und immer noch den offenen Herzen anbieten, das ist das erste, was der Mensch zu seinem Leben tun muß. Und das andere: selbst als kündender Bote durch diese grauen Tage gehen. So viel Mut bedarf der Stärkung, so viel Verzweiflung der Tröstung, so viel Härte der milden Hand und der aufhellenden Deutung, so viel Einsamkeit schreit nach dem befreienden Wort, so viel Verlust und Schmerz sucht einen inneren Sinn. Gottes Boten wissen um den Segen, den der Herrgott auch in diese geschichtlichen Stunden hineingesät hat. [...]

Laßt uns bitten um die Offenheit und Willigkeit, die Mahnboten des Herrn zu hören und durch die Umkehr der Herzen die Verwüstung des Lebens überwinden. Laßt uns die ernsten Worte der Rufenden nicht scheuen und unterschlagen, damit nicht die, die heute unsere Henker sind, morgen noch einmal unsere Ankläger sind wegen der verschwiegenen Wahrheit.

Und wieder laßt uns hinknien und bitten um die hellen Augen, die fähig sind, Gottes kündende Boten zu sehen, um die wachen Herzen, die kundig sind, die Worte der Verheißung zu vernehmen. Die Welt ist mehr als ihre Last und das Leben mehr als die Summe seiner grauen Tage. Die goldenen Fäden der echten Wirklichkeit schlagen schon überall durch. Laßt uns dies wissen und laßt uns selbst tröstender Bote sein. Durch den die Hoffnung wächst, der ist ein Mensch selbst der Hoffnung und der Verheißung. [...] Advent ist Zeit der Verheißung, noch nicht der Erfüllung. Noch stehen wir mitten im Ganzen und in der logischen Unerbittlichkeit und Unabweisbarkeit des Schicksals. Noch sieht es für die gehaltenen Augen so aus, als ob die endgültigen Würfel doch da unten in diesen Tälern, auf diesen Kriegsfeldern, in diesen Lagern und Kerkern und Kellern geworfen würden. Der Wache spürt die anderen Kräfte am Werk und er kann ihre Stunde erwarten.

Noch erfüllt der Lärm der Verwüstung und Vernichtung, das Geschrei der Selbstsicherheit und Anmaßung, das Weinen der Verzweiflung und Ohnmacht den Raum. Aber ringsherum am Horizont stehen schweigend die ewigen Dinge mit ihrer uralten Sehnsucht. Über ihnen liegt bereits das erste milde Licht der kommenden strahlenden Fülle. Von dorther erklingen erste Klänge wie von Schalmeien und singenden Knaben. Sie fügen sich noch nicht zu Lied und Melodie; es ist alles noch zu fern und erst verkündet und angesagt. Aber es geschieht. Dies ist heute. Und morgen werden die Engel laut und jubelnd erzählen, was geschehen ist und wir werden es wissen und werden selig sein, wenn wir dem Advent geglaubt und getraut haben.

Adventsgestalten [1944][271]

8 Laßt uns dem Leben trauen, weil Gott es mit uns lebt

Es ist die unbegreifliche Tatsache der Eingeschichtlichung Gottes. Daß er in unser Gesetz, in unsere Räume, in unsere Existenz eintritt: nicht nur wie, sondern als einer von uns. Das ist das Erregende und Unfaßliche dieses Geschehens.

Die Geschichte wird nun auch zur Daseinsweise des Sohnes, das geschichtliche Schicksal sein Schicksal. Er ist auf unseren

Straßen anzutreffen. In den dunkelsten Kellern und einsamsten Kerkern des Lebens werden wir ihn treffen. Und das ist schon die erste Segnung und Weihung der Last, daß er unter ihr anzutreffen ist. Und damit zugleich die zweite: alle, die den gleichen Lastballen schleppen, spüren es, wenn eine neue mächtige Schulter sich unter ihn schiebt und mitträgt. Und die dritte sei zugleich mitgesagt: seit der Heiligen Nacht ist das gottmenschliche Leben die Urform des Daseins, nach der alles Leben von Gott gebildet wird, das sich dieser Bildung nicht widersetzt. Die Kraft zur Meisterung des Lebens wächst durch den Einstrom des göttlichen Lebens in die menschliche Daseins- und Schicksalsgemeinschaft, zu der sich Christus bekannt hat.

Wir sind dem Leben mehr gewachsen, lebenstüchtiger und lebenskundiger, wenn wir den Weisungen dieser kommenden Nacht uns öffnen. Laßt uns wandern und fahren, laßt uns die Straßen und Schrecken des Lebens nicht scheuen und fürchten: in uns ist ein Neues geworden; und wir wollen nicht müde werden, dem Stern der Verheißungen zu glauben und den singenden Engeln ihr Gloria zuzugestehen, wenn auch manchmal unter Tränen. Es wurde doch unsere Not gewendet, weil wir ihr überlegen geworden sind. [...]

Immer wieder unser Schicksal: da haben wir Verheißungen gehört und Botschaften geglaubt und Sendungen gespürt und plötzlich hängen wir allein im Schicksal. Das passiert so im Menschenleben. Auch im Christenleben? Sollte es nicht gerade da ganz anders sein und ganz selten? Aber es ist so.

Und gerade dies sind die Entscheidungsstunden für den Wert und Unwert unseres gläubigen Daseins. Wider das Zeugnis der Steine, an die unser Fuß gestoßen, wider das Zeugnis der Geißeln, die uns blutig geschlagen, wider das Zeugnis der Ketten, die uns binden, im Wort bleiben, unerschüttert und unermüdet stehen bleiben: das ist die große Antwort, die ein

Mensch Gott geben kann. Und nach der Gott jeden Menschen fragen wird. Jeden. Es wird keinem geschenkt, der wach und erwachsen vor Gott dem Herrn gelten soll.

Hundertfältig stellt Gott heute diese Fragen. Daß wir fähig seien, die Antwort zu geben. Die Tugend der Unermüdlichkeit ist anstrengend. Aber sie erst macht den Menschen gottesfähig. Und öffnet ihm auch die Augen für die eigentliche Wirklichkeit Gottes.

Und wo dies vom Menschen ehrlich versucht wird, da gewinnt die Welt ein neues Gesicht. Die starren Züge innerweltlicher Kausalität, logischer Verknüpfung und Notwendigkeit lösen sich. Das Antlitz der Welt und des Lebens wird mütterlicher und väterlicher. Es beginnt jenes Geheimnis der hundert und hundert kleinen Aufmerksamkeiten, mit dem Gott den Menschen umsorgt. Die Dinge und Zusammenhänge bleiben in ihrem Lauf und in ihrer Sicherheit, und doch geschieht in ihnen und ihrer leisen Abstimmung zu einem neuen Ergebnis die väterliche Sorge, die Gott denen zuwendet, die seinen Fragen gewachsen waren. Der Mensch erfährt auf einmal, daß der Lauf der Welt nicht mehr seinen universalen Anblick hat und seine allgemeine Gleichgültigkeit, sondern daß die Dinge mehrdeutig und mehrwertig sind. Im persönlichen Dialog zwischen Gott und dem Menschen, der Höchstform menschlichen Lebens, haben die Ereignisse einen ganz anderen Stellenwert als im allgemeinen Geschehen. Und beides geschieht zu recht: daß der eine nur eine banale Alltäglichkeit bemerkt und dem andern das gleiche Geschehen ein Zeichen der Erbarmnis und der Führung ist.

Und hier sind wir auf der Höhe angekommen, auf der das respirare, das Aufatmen nun doch geschieht und geschehen darf und geschehen soll. Die Welt ist in ihrem Lauf geblieben, aber sie ist zur Barke des Herrgotts geworden, die kein Sturm umwerfen, keine Flut hinabreißen wird. Das Leben ist in seinen Gesetzen und Spannungen geblieben. Der Herrgott hat sich diesen Spannungen untergeordnet und eingeordnet. Er trägt sie mit und erhöht das Kraft- und Tüchtigkeitspotential der ganzen Menschheit.

Als letztes aber: der Mensch ist nicht mehr allein. Der Monolog war nie die gesunde und glückhafte Lebensform des Menschen. Der Mensch lebt nur echt und gesund im Dialog. Alle diese Mono-Tendenzen sind vom Übel. Aber daß das Bestehen der Spannungen des Daseins und der Lasten Gottes den Menschen nun in den Dialog mit Gott beruft, das überwindet die schrecklichste menschliche Krankheit: die Einsamkeit, endgültig und wirklich. Es gibt nun keine Nächte mehr ohne Licht, keine Gefängniszellen ohne echtes Gespräch, keine einsamen Bergpfade und gefährlichen Schluchtwege ohne Begleitung und Führung.

Gott ist mit uns: so war es verheißen, so haben wir geweint und gefleht. Und so ist es seinsmäßig und lebensmäßig wirklich geworden: ganz anders, viel erfüllter und zugleich viel einfacher als wir meinten.

Den Lasten Gottes soll man nicht ausweichen. Sie sind zugleich der Weg in den Segen Gottes. Und wer dem herben und harten Leben die Treue hält, dem werden die inneren Brunnen der Wirklichkeit entsiegelt und ihm ist die Welt in ganz anderem Sinn nicht stumm, als er ahnen konnte. Die Silberfäden des Gottesgeheimnisses alles Wirklichen fangen an zu glänzen und zu singen. Die Last ist gesegnet, weil sie als Last Gottes anerkannt und getragen wurde.

Gott wird Mensch. Der Mensch nicht Gott. Die Menschenordnung bleibt und bleibt verpflichtend. Aber sie ist geweiht. Und der Mensch ist mehr und mächtiger geworden. Laßt uns dem Leben trauen, weil diese Nacht das Licht bringen mußte. Laßt uns dem Leben trauen, weil wir es nicht allein zu leben haben, sondern Gott es mit uns lebt.

Weihnachtsmeditation [1944][272]

9 Warum die Amtskirche nicht zur Krippe findet

Die nicht da sind, haben auch eine Botschaft und ein Urteil für uns. Vielleicht bringen sie uns der Erkenntnis dessen näher, was uns vom Herrn trennt. [...] Nicht da sind: die Mächtigen, die Besitzenden, die Gelehrten und die Synagoge, also die amtliche Kirche [...]. Die Mächtigen: [...] Die Geburt des Kindes in Bethlehem war in den Kategorien und Paragraphen von Jerusalem nicht vorgesehen. Deswegen die Reaktion der Angst und Furcht und der Ruf nach dem Schwert seiner Schergen. Der andere aber, der Unterworfene wird feige und zaghaft. Für ihn beschränkt sich Recht und Lebensmöglichkeit auf die amtliche Erlaubnis.

Ist das nicht Botschaft an und Gericht über uns? Die Geschichte der Macht im Abendland ist die Geschichte der force. Nicht der Glanz Gottes wird gehütet und geschützt, sondern die eigene Position. Die Folgen für Art und Lebensfähigkeit des Menschen sind nicht ausgeblieben. Und die Angst ist unsere „Kardinaltugend" geworden. [...]

Die Besitzenden: Daß der Mensch Dinge habe, ist nicht vom Übel. Aber daß sie oft seine Freiheit erdrücken und ihn selbst besitzen und haben, das ist vom Übel. Es war damals so: die Paläste und großen Häuser waren nicht die Orte und Herbergen des Herrn. Auch der große Besitz könnte und sollte Segen sein. Aber auch diese Menschen erschrecken vor jeder Möglichkeit einer Ordnung, die nicht in den Hauptbüchern registriert werden kann. [...]

Die Wissenschaft: Sie hat die Anbetung schon lange verlernt. Damals wie heute. Sie ist betört und berauscht von den eigenen Einfällen, gefangen in den eigenen Konstruktionen der Welt und der Dinge. Und die Welt ist überall da verdächtig, wo sie sich erlaubt, anders zu sein als in den Büchern steht. Der abendländische Geist ist sehr stolz darauf, im letzten Jahrhundert mündig geworden zu sein. Er hat sich ganz in sich selbst verfangen. Inzwischen ist er kraft seines eigenen Gesetzes, das er schrieb, nicht mehr der stolze Adler, der blauferne Höhen erschließt. Er ist ein Handlanger der Irdischkeit und der Nützlichkeit geworden und für bestimmte Schichten der Wirklichkeit grundsätzlich und tatsächlich blind und verkrüppelt. [...]

Die amtliche Kirche: Die Synagoge erschien nicht zur Anbetung. Ihr ganzer Auftrag war doch das Warten auf diese Stunde und das Flehen um ihre Verwirklichung. Sie brachte sogar aus ihren Büchern heraus, daß der Ort dieser Erfüllung Bethlehem sein wird. Aber so sicher waren sie in ihrer dürren Überlieferung und kalten Erstarrung, daß sie die Zeichen der Zeit nicht einmal ahnten. So ging ihnen auch kein Stern und kein Licht auf. Und so sangen ihnen auch keine Engel das neue Lied.

O daß dies doch nur Geschichte und abschreckendes Beispiel wäre! Aber es ist Wirklichkeit. Die neue Kirche durchströmt immer neu der Schöpfergeist. Aber welcher Gewalt und Gewaltsamkeit bedarf er oft um sich durchzusetzen. Die Ämter der Kirche sind innerlich vom Geist geführt und verbürgt. Aber die Amtsstuben! Und die verbeamteten Repräsentanten. Und die so unerschütterlich-sicheren „Gläubigen“! Sie glauben an alles, an jede Zeremonie und jeden Brauch, nur nicht an den lebendigen Gott. Man muß bei diesen Gedanken sehr behutsam sein, nicht aus Angst, sondern aus Ehrfurcht. Aber es stehen so viel Erinnerungen auf an Haltungen und Gebärden gegen das Leben. Im Namen Gottes? Nein, im Namen der Ruhe, des Herkommens, des Gewöhnlichen, des Bequemen, des Ungefährlichen. Eigentlich im Namen des Bürgers, der das ungeeignetste Organ des Heiligen Geistes ist.

Der Geist wird strömen und neu schaffen. Aber es wäre vieles anders gegangen, ohne den gewaltsamen Bruch und Zusammenstoß, ohne die Entfremdung und Sezession, ohne Diffamierung und Verdächtigung, wenn das Leben Organen des Lebens und nicht Beamten begegnet wäre und begegnen würde. Die schöpferische Theologie, der geistlebendige Mensch, die vorbehaltlose und tätige Liebe: sie werden sein und kommen. Laßt uns die Wahrheit der Begegnung und ihre Gesetze wieder verstehen, laßt uns wieder ahnen und Gesichte sehen, vom Geist berührt. Laßt uns den göttlichen Instinkt, der uns gegeben ist, wieder freilegen aus dem Schutt der Erstarrungen und Sicherungen heraus: und wir werden die großen Anbetenden wieder sein und zugleich die großen Heilenden und Segnenden.

Nun müßte ich all das noch einmal zusammenfassen in eine Summe der Haltungen, zu denen wir uns entscheiden und unsere Menschen hinbilden müssen, damit wir und sie des lebendigen Gottes wieder fähig werden. Es fehlt mir die Zeit. Der Mann mit dem Eisen klirrt schon auf dem Gang. Außerdem habe ich kein Papier mehr. So wird der Freund, dem dieses zugedacht ist und wer es etwa sonst noch lesen sollte, sich selbst die Zusammenfassung geben.

Eines muß ich noch sagen: man wird mir leicht vorwerfen, es handle sich eigentlich in allem nur um „natürliche" Haltungen des Menschlichen. Ich gebe mir keine Mühe, dies zu verstecken und zu verdecken. Apparuit humanitas [erschienen ist die Menschlichkeit; CF]: ist eine der Weihnachtsbotschaften. Ohne ein Minimum von gesunder Menschlichkeit, echter Menschenwürde und gebildeter Menschensubstanz wird der Mensch Gottes nicht fähig sein. Er wird nicht einmal der natürlichen Einsicht und Haltungen fähig sein.

Daß es einer erbarmenden Gnade Gottes ungeheuren Ausmaßes bedarf, uns noch einmal zu heilen und zu rufen, weiß ich. Daß diese Neigung Gottes zu uns erfleht und eropfert und erschafft sein will, weiß ich auch. Dies ist die Sendung und Verantwortung der wenigen unter uns, die noch wissen und ahnen.

Gestalten der Weihnacht [1944][273]

10 Der Stern wird über der Wüste stehen

In diesen Wochen der Gebundenheit habe ich dies erkannt, daß die Menschen immer dann verloren sind und dem Gesetz ihrer Umwelt, ihrer Verhältnisse, ihrer Vergewaltigungen verfallen, wenn sie nicht einer großen inneren Weite und Freiheit fähig sind. Wer nicht in einer Atmosphäre der Freiheit zuhause ist, die unantastbar und unberührbar bleibt, allen äußeren Mächten und Zuständen zum Trotz, der ist verloren. Der ist aber auch kein wirklicher Mensch, sondern Objekt, Nummer, Statist, Karteikarte.

Dieser Freiheit wird der Mensch nur teilhaft, wenn er seine eigenen Grenzen überschreitet. [...] Die Männer, denen die Stunde der großen Freiheit im Stall zu Bethlehem schlug, hatten die Wüste bestanden. Die äußere Wüste der Einsamkeit, der verlassenen Heimat, der geopferten Bindungen und Beziehungen, der eintönigen und zähen Wanderfahrt. Und die innere Wüste der sternlosen Zeit, der Frage, des Zweifels, der Bangigkeit und Sorge. Es war ein weiter Weg und selbst im Glanz der glückhaften Begegnung verloren ihre Gesichter nicht die Spuren der Stunden der Bewährung.

Die Wüste gehört dazu. Die menschliche Freiheit ist ein Ergebnis der Befreiung, eines zähen unermüdlichen Aufstiegs in einer feindseligen Wand. [...] Es steht schlimm um ein Leben, wenn es die Wüste nicht besteht oder sie meidet. Die Stunden der Einsamkeit müssen mit denen der Gemeinsamkeiten in einem bestimmten Verhältnis stehen, sonst verkümmern die Horizonte und werden die Gehalte zerredet und vertan. Das ist eine der bewußten Befreiungstaten, die der Mensch an sich selbst tun muß, daß er sich immer wieder in der Einsamkeit dem großen Frager und dem echten Anblick der Dinge stellt. [...]

Aber sie ist nicht das Erste und nicht das Letzte, die Wüste. Und der Mensch ist in den Fährlichkeiten der Fahrt zum Gipfel der Freiheit doch nicht nur sich selbst ausgeliefert. Denn je weiter und höher der Mensch, um er selbst zu werden, über sich hinausgreifen, ja mehr noch, über sich hinauswandern muß, um so weniger langt dazu des Menschen eigenes Vermögen. Wie weit wir selbst kommen aus Eigenem, das haben wir als Geschlecht und als einzelne erlebt und bewiesen. Möge dies für lange Zeit der letzte Erweis des Ergebnisses menschlicher Überschätzung sein.

Die Stunde der Freiheit ist die Stunde der Begegnung. Und es ist nicht so, daß ein suchender Gott auf einen wegmüden Menschenwanderer warte. Sie sind beide unterwegs aufeinander zu. […]

Unsere Stunde ist die Stunde der Wüste noch. Noch fleht unser Herz die Urbitten der Kreatur. Das gilt für uns alle und gilt für mich persönlich. Es ist eine Situation, in der die Wüste ihre tröstliche Vertraulichkeit weglegt und uns mit dem Gesicht der gefährlichen Bedrängnis anschaut. Das sind keine Bilder, das sind Zustände und Tatsachen. Wir alle wissen das: die große Gemeinschaft der Menschen dieser Welt. Und wir neun wissen das, die übermorgen als „verlorener Haufen" die Fahrt ins Schicksal antreten. Aber diese Wüste ist Bewährung zur großen Freiheit, nicht endgültiges Schicksal. Die Wüsten müssen bestanden werden. Und ich weiß dies: ich bin nicht allein. Das Gesetz der Gnade gilt. Und ich weiß dies: ich bin nicht allein. Das Gesetz der Treue und der Liebe und des betenden Opfers gilt. Und ich weiß dies: der Stern wird über der Wüste stehen.

Epiphanie 1945[274]

Anmerkungen

Alfred Delp wird nach der von seinem verdienten Biographen Roman Bleistein SJ († 2000) im Verlag Josef Knecht edierten Gesamtausgabe zitiert: Gesammelte Schriften, hrsg. von Roman Bleistein. Frankfurt am Main 1982–1988.

Band I (zit. „1"): Geistliche Schriften. [2]1985
Band II (zit. „2"): Philosophische Schriften. [2]1985
Band III (zit. „3"): Predigten und Ansprachen. [2]1985
Band IV (zit. „4"): Aus dem Gefängnis. [2]1985
Band V (zit. „5"): Briefe – Texte – Rezensionen. 1988

Die übrigen mit Sigeln zitierten Titel finden sich im Literaturverzeichnis.

1 Predigt an Christi Himmelfahrt, 3. Juni 1943. 3, 214.
2 MOLTKE, FREYA 602.
3 Nach einem Brief aus der Haft an seine Sekretärin Luise Oestreicher. 4, 26.
4 Drei Fragen an die Kirche. Skizze vom April 1941 für eine Predigtreihe in Augsburg. 5, 244.
5 ZEUGE 17.
6 Ebd. 17f.
7 1, 61.
8 4, 115.
9 5, 192.
10 Josef Kern in einem Brief an Roman Bleistein. ZEUGE 32.
11 Delp an seinen Provinzial Augustin Rösch. 5, 91.
12 So berichtet jedenfalls Delps Mutter. Zit. bei Josef Maday: Leben und Wirken von P. Alfred Delp SJ. In: Sankt Andreas Lampertheim, Beiträge zur Geschichte der Kirche und der Pfarrei. Hrsg. von Peter Hammerich. Lampertheim 1971, 144.
13 Delp als Internatspräfekt an seinen Zögling Elmar Mühlbauer. 5, 77.
14 Pater Thomas Gächter, zit. ZEUGE 42.
15 Pater Josef Neuner, zit. ebd. 48.
16 Delp an seine Mutter. 5, 43.
17 Delp an seine Schwester Greta. 5, 84.
18 Delp an seine Mutter. 5, 43f.
19 5, 101.
20 Delp an die Eltern. 5, 122.
21 4, 101.
22 Martin Heidegger: *Sein und Zeit*, Halle 1927, 179.
23 *Tragische Existenz*. 2, 96.
24 Ebd. 2, 143.
25 Maciej Małyga erklärt das damit, dass Delp nur Heideggers *Sein und Zeit* gekannt habe, wo es um die Seinsfrage gehe, nicht um die Gottesfrage. Die heutige Forschung bescheinige Heidegger lediglich einen „methodischen", keinen „praktischen" Atheismus (MAŁYGA 245ff.).
26 *Tragische Existenz*. 2, 121.
27 Ebd. 2, 121f.
28 5, 27.
29 Willi Kraus, zit. ZEUGE 78. Der Spitzname wird auch anders erklärt, nämlich aus einer auffallenden Ähnlichkeit zwischen Delp und dem britischen Motorradrennfahrer Thomas F. Bullus; vgl die Anm. in 4, 34.
30 Kollegbrief *Aus der Stella Matutina* 54, 283.
31 5, 38.
32 *Der ewige Advent. Adventspiel im Zwanzigsten Jahrhundert*. 1, 57.
33 Ebd. 65.
34 Ebd. 59.
35 Ebd. 53.

36 Ebd. 54ff.

37 *Theonomer Humanismus.* Notizen aus der Haft, 1944/45. 4, 311.

38 1985 wohnte hier einige Monate der argentinische Jesuitenpater Jorge Mario Bergoglio, um Material für ein Buch über den Religionsphilosophen und Theologen Romano Guardini zu sammeln. 2013 wurde Bergoglio zum Papst gewählt.

39 1, 200f.

40 1, 48.

41 Nach einer Auseinandersetzung mit dem NS-Chefideologen Alfred Rosenberg, mit dem Delp gern einmal persönlich diskutiert hätte, was sein Provinzial nicht erlaubte. Vgl. 5, 82; NEUFELD 173, Anm.

42 *Das Volk als Ordnungswirklichkeit.* 2, 280.

43 Ebd. 299.

44 Jakob Wilhelm Hauer, Tübinger Religionshistoriker. Zit. in der Predigtskizze *Religion* in der Zeitschrift *Chrysologus.* 1, 123f.

45 Predigtskizze *Offenbarung für den Chrysologus.* Ebd. 132.

46 Ernst Bergmann, führender NS-Philosoph und Protagonist einer „Deutschreligion". Zit. in der Predigtskizze *Was ist der Mensch?* 1, 143.

47 Predigtskizze *Sünde und Schuld im Dasein des Menschen.* 1, 162.

48 Predigtskizze *Religion.* 1, 125.

49 Predigtskizze *Was ist der Mensch?* 1, 150.

50 Delp an den Berliner „Feldgeneralvikar" Georg Werthmann. 5, 106.

51 *Christ und Gegenwart.* 2, 194.

52 Ebd. 200.

53 *Über den Tod. Ein Briefwechsel von Alfred Delp SJ und Paul Bolkovac SJ.* 2, 225.

54 *Der Krieg als geistige Leistung.* 2, 247.

55 Ebd. 244.

56 Ebd. 245.

57 *Das Volk als Ordnungswirklichkeit.* 2, 293.

58 Ebd. 298.

59 Ebd. 291.

60 Predigt am 1. November 1941. 3, 269.

61 ROON 180.

62 *Das Vertrauen in die Kirche.* Rede auf der Jahrestagung der Katholischen Männerarbeit 1941 in Fulda. 1, 267.

63 Delp 1940 an die Reichsschrifttumskammer Berlin. 5, 117.

64 *Der Mensch vor sich selbst.* 2, 476.

65 Ebd. 488.

66 Ebd. 492.

67 Ebd. 498.

68 Ebd. 503.

69 Ebd. 512.

70 Ebd. 523.

71 Ebd. 541.

72 Ebd. 488.

73 Ebd. 487.

74 Ebd. 521.

75 *Der Mensch und die Geschichte.* 2, 350.

76 Ebd. 356.

77 Ebd. 363.

78 Ebd. 365.

79 Ebd. 379.

80 *Das Rätsel der Geschichte.* Aus Delps nachgelassenen Entwürfen. 2, 450.

81 *Vater unser.* Gefängnismeditation. 4, 236.

82 *Der Mensch und die Geschichte.* 2, 389f.

83 Ebd. 391.

84 Ebd. 417.

85 Ebd. 399.

86 Ebd. 417.

87 ZEUGE 177.

88 Ebd. 178.

89 Ebd. 75.

90 *Die moderne Welt und die Katholische Aktion.* Predigtentwurf in Chrysologus 1935. 1, 83.

91 *Bereitschaft.* Aus derselben Predigtreihe. 1, 85f.

92 *Das gegenwärtige Weltverständnis und die christliche Haltung gegenüber der Welt.* Referat vor dem

Arbeitsausschuss am 21. Oktober 1942. 1, 295.

93 *Um die Seele des Mannes.* ZEUGE 216.

94 *Das Vertrauen in die Kirche* (vgl. Anm. 62). 1, 281.

95 Meditation zu Epiphanie 1945 in der Haft. 4, 217.

96 *Gestalten der Weihnacht.* Meditation Dezember 1944 in der Haft. Ebd. 197f.

97 *Die Erziehung des Menschen zu Gott.* Aufzeichnungen in der Haft. Ebd. 315f.

98 *Das Vertrauen in die Kirche* (vgl. Anm. 62). 1, 280.

99 RÖSCH 110.

100 *Das Vertrauen in die Kirche* (vgl. Anm. 62). 1, 270.

101 Ebd. 277f.

102 5, 257.

103 *Das Schicksal der Kirchen.* 1944/45 im Gefängnis notiert. 4, 320.

104 *Warum sie sich ärgern an uns. Kirchen-Anzeiger St. Michael* München Nr. 35/1938. 1, 243.

105 *Drei Fragen an die Kirche* (vgl. Anm. 4). 5, 234ff.

106 *Veni Sancte Spiritus.* Meditation über die Sequenz der Pfingstliturgie, entstanden in der Haftanstalt Berlin-Tegel. 4, 300.

107 Ebd. 300f.

108 *Gestalten der Weihnacht.* Meditation in der Haft, Dezember 1944. 4, 212.

109 Vgl. Anm. 103. 4, 322.

110 *Die Erziehung des Menschen zu Gott.* Aufzeichnungen während der Haft. Ebd. 317.

111 Predigt am 1. November 1941. 3, 269.

112 Predigt am 2. Februar 1941. Ebd. 175.

113 Unterlagen für die Kreisauer Herbsttagung 1942. 4, 403.

114 Pfarrarchiv von Heilig-Blut in Bogenhausen. Zit. ZEUGE 200.

115 5, 135.

116 Delp am 4. Mai 1942 an Josef Eichinger. 5, 137.

117 Delp am selben Tag an seine Freunde in Wolferkam, wo er gern Ferien machte. Ebd. 138.

118 Neujahrspredigt 1942. 3, 138.

119 Predigt am 26. Dezember 1941. Ebd. 115.

120 Predigt am 9. November 1943. Ebd. 258f.

121 Vgl. Anm. 1. Ebd. 214.

122 Predigt am 25. Dezember 1943. Ebd. 101.

123 Ebd. 104.

124 Ebd. 379f.

125 Ebd. 383.

126 Ebd. 384.

127 Ebd. 391.

128 Ebd. 387.

129 Ebd. 163.

130 Predigt am 1. Juli 1943. Ebd. 249.

131 Predigt am 16. November 1941. Ebd. 289.

132 Ebd.

133 Ebd. 294.

134 Ebd. 298.

135 Ebd. 267f.

136 ZEUGE 203. Kardinal Faulhaber war über solche verwegene Aktionen nicht besonders glücklich; vgl. Akten Kardinal Michael von Faulhabers II. 1935–1945 (Veröffentlichungen der Kommission für Zeitgeschichte, Reihe A: Quellen – Band 26), bearbeitet von Ludwig Volk. Mainz 1978, 796ff.

137 Vgl. Eberhard Bethge: Dietrich Bonhoeffer – Der Mensch und sein Zeugnis. In: Die Mündige Welt, II. Band, München 1956, 97.

138 *Das Vertrauen in die Kirche* (vgl. Anm. 62). 1, 282.

139 Brief vom 24. Januar 1945 aus der Todeszelle an Franz von Tattenbach. 4, 143.

140 Nach 1989 wurde das Haus, zum mittlerweile polnischen Dorf Krzyżowa gehörig, zu einer internationalen Jugendbegegnungsstätte

im Dienst der Versöhnung ausgebaut. Vgl. ENDRESS 182ff.

141 Vgl. Anm. 2.

142 RÖSCH 281.

143 MOLTKE, LETZTE BRIEFE 9.

144 Protokoll der dritten Tagung (12.–14. Juni 1943). ROON 385.

145 Erklärung der ersten Tagung (22.–25. Mai 1942). ROON 354.

146 Offenbar aus der Frühzeit des Kreises. DOSSIER 165.

147 Ebd. 166f.

148 Günter Brakelmann (Bochum), zit. bei Michael Grau: Attentat im Führerhauptquartier. Am 20. Juli vor 60 Jahren versuchten Offiziere, das Hitlerregime zu stürzen. epd-Wochenspiegel 29/2004, 11.

149 ROON 552.

150 Ebd. 554.

151 Ebd. 556.

152 Ebd. 555.

153 Ebd. 554.

154 Ebd. 580.

155 *Das europäische Verfassungsproblem.* Denkschrift vom Herbst 1942, in Uppsala 1983 aufgefunden. PORTRÄT 223.

156 MOLTKE, LETZTE BRIEFE 20f.

157 Roman Bleistein in der Einleitung zu den Kreisauer Dokumenten aus dem Nachlass von Pater König. DOSSIER 41.

158 Vgl. Moltkes Entwurf *Erste Weisung an die Landesverweser*, ROON 567–571.

159 In der Neujahrsnacht 1944/45 urteilte Delp in einem Brief skeptisch, Englands Zeit gehe „zu Ende" und das „ratlose" Frankreich brauche den „echten Dialog zu Deutschland", ohne das es kein Europa gebe. Auffallend ist Delps Mahnung: „Besucht Rußland! Der Bolschewismus als Vorspann für einen russischen Imperialismus maßlosester Art? […] Auf jeden Fall kann und wird eine russische Hegemonie über Europa nur eine Sache kurzer Dauer sein. Rußland selbst ist noch nicht durchreflektiert. Rußland ist zu maßlos, um führen zu können […]." 4, 79f.

160 So Pater Franz von Tattenbach an Bleistein. Zit. ZEUGE 242.

161 Als Anhang in: ZEUGE 463–505.

162 Hans Mommsen: Gesellschaftsbild und Verfassungspläne des deutschen Widerstandes. In: Hans Buchheim / Walter Schmitthenner (Hrsg.): Der deutsche Widerstand gegen Hitler. Vier historisch-kritische Studien. Köln-Berlin 1966, 85.

163 ROON 177.

164 Walter Dirks: Alfred Delp. In: Hermann Graml (Hrsg.): Widerstand im Dritten Reich. Probleme, Ereignisse, Gestalten. Frankfurt am Main 1984, 202f.

165 BLEISTEIN, 20. JULI 77.

166 Theodor Steltzer: *Sechzig Jahre Zeitgenosse.* München 1966, 151.

167 *Neuordnung.* 4, 382. 163

168 Ebd. 385.

169 Ebd. 384.

170 4, 309.

171 Ebd. 310. 168.

172 *Neuordnung.* Ebd. 380.

173 ROON 561.

174 DOSSIER 322.

175 Vgl. Ernst Keßlers Wiedergabe von Delps Ideen: *Jenseits von Kapitalismus und Marxismus.* ZEUGE 475ff.

176 Nell-Breuning in einem Brief an Michael Pope. Zit. POPE 84, Anm.

177 Keßler, ZEUGE 475.

178 Ebd. 476.

179 Ebd. 470.

180 Ebd. 502.

181 Ebd. 488.

182 Fünf Bände, Freiburg 1905–1923. POPE (124) stellt die Vermutung an, Delp könne seine Formulierung dem russischen Religionsphilosophen Nicolai Berdjaev entlehnt haben, der 1935 von einem „personalistischen Sozialismus" träumte und den Delp nachweislich kannte.

183 *Neuordnung.* 4, 393.

184 Ebd. 380.
185 *Die Arbeiterfrage*. Ebd. 398.
186 Ebd.
187 Brief vom 14. Januar 1945 aus der Todeszelle an Franz von Tattenbach. 4, 121. Vgl. auch 4, 108.
188 Keßler 1987 in einem Brief an Bleistein. Zit. ZEUGE 288.
189 Urteil des Volksgerichtshofs vom 11. Januar 1945. 4, 425.
190 Notizen zur Vorbereitung der Verteidigung vor dem Volksgerichtshof. Ebd. 351.
191 So die etwas nebulose Aussage einer Vertrauten der Gräfin Stauffenberg und die Äußerung von Delps Freund Georg Smolka. Beide zit. ZEUGE 284.
192 TATTENBACH 323.
193 KÄMPFER 30f.
194 Karl B. Schmelting (Hrsg.): Zeugen des Jahrhunderts II. Frankfurt am Main 1982, 30.
195 Am 22. November 1944 an Marianne Hapig und Dr. Marianne Pünder (der Brief bezieht sich auf den 14. August, als Marianne Hapig das erste Mal in der Lehrter Straße war). 4, 29.
196 Ende November 1944. Ebd. 30.
197 ZEUGE 305.
198 *Vater unser*. In der Gefängniszelle entstandene Meditation. 4, 231.
199 Delp bewahrte die Hostien in einer winzigen Stofftasche auf – sein „Tabernakel" – und feierte nachts heimlich Messe; in den Nachbarzellen war man informiert und feierte geistig mit. Auch während der Verhandlung vor dem Volksgerichtshof, die mit dem Todesurteil endete, trug er die Hostie bei sich.
200 *Von den Bedingungen der wahren Freude*. Geschrieben zum dritten Adventssonntag 1944. Ebd. 172.
201 An Luise Oestreicher. Ebd. 22.
202 An Luise Oestreicher. Ebd. 26f.
203 Wieder an Luise Oestreicher. Ebd. 37.
204 An Marianne Hapig und Dr. Marianne Pünder. Ebd. 36.
205 An Hapig und Pünder. Ebd. 83.
206 An Hapig und Pünder. Ebd. 70. Vgl. auch die Nachricht an Tattenbach, ebd. 33.
207 An Luise Oestreicher. Ebd. 115.
208 An Hapig und Pünder. Ebd. 91.
209 An Hapig und Pünder. Ebd. 66f.
210 An die befreundete Familie Kreuser. Ebd. 24.
211 Ebd. 97.
212 ZEUGE 333.
213 An Silvester 1944 an Hapig und Pünder. 4, 73.
214 Vor dem 16. Dezember 1944 geschrieben, an Familie Kreuser. Ebd. 46.
215 Am 16. Dezember an Luise Oestreicher. Ebd. 48.
216 Meditation zum Heiligen Abend 1944. Ebd. 189.
217 *Gestalten der Weihnacht*. Ebd. 203.
218 *Vater unser*. Ebd. 236.
219 *Veni sancte spiritus*. Ebd. 305.
220 An Pater Franz Tattenbach. Ebd. 53.
221 Ebd.
222 Wenige Tage später an Tattenbach. Ebd. 57.
223 An Marianne Hapig und Dr. Marianne Pünder. Ebd. 92f.
224 An Luise Oestreicher. Ebd. 93.
225 Wieder an Luise Oestreicher. Ebd. 84f.
226 *Warum ich vor Gericht komme*. 4, 332f. Hier sind die gesamten mit Vorsicht zu genießenden, weil auch für den nazihörigen Pflichtverteidiger bestimmten Texte zur Vorbereitung der Verteidigung dokumentiert: 4, 331–364.
227 Gedächtnisprotokoll von Pfarrer Harald Poelchau, zit. KEMPNER 67.
228 ROON 594.
229 MOLTKE, LETZTE BRIEFE 51.
230 Ebd.
231 MOLTKE, FREYA 598.
232 Ebd. 601.
233 4, 423f.

234 Eugen Gerstenmaier: Pater Alfred Delp S. J. Gedenkrede am 20. Jahrestag seiner Hinrichtung. Manuskript, 4. (Gerstenmaier sprach am 2. Februar 1965 bei der Einweihung einer Delp-Gedenkstätte in Lampertheim.)

235 Moltke, Freya 602.

236 An Pater Theo Hofmann am 21. Januar 1945. 4, 136.

237 An Hapig und Pünder. Ebd. 106.

238 Moltke, Freya 602.

239 An Marianne Hapig und Dr. Marianne Pünder am Tag der Urteilsverkündung. 4, 101f.

240 In einem späteren Kassiber an Hapig und Pünder. Ebd. 108.

241 An Hapig und Pünder am 26. Januar. Ebd. 146.

242 An Hapig und Pünder am 30. Januar. Ebd. 147.

243 Anton Gundlach / Albert Panzer (Hrsg.): Peter Buchholz, der Seelsorger von Plötzensee. Meitingen 1964, 75.

244 Die Rede Himmlers vor den Gauleitern am 3. August 1944. In: Vierteljahreshefte für Zeitgeschichte 1 (1953), 382.

245 An Hapig und Pünder, geschrieben nach dem 11. Januar 1945. 4, 110.

246 5, 57f.

247 Delp, Worte25.

248 Ebd. 46.

249 Ebd. 92f.

250 *Tagebuch der Großen Exerzitien.* 1, 257.

251 Ebd. 245f.

252 Ebd. 255.

253 An Hapig und Pünder am 1. Dezember 1944. 4, 34.

254 *Tagebuch der Großen Exerzitien.* 1, 255.

255 Einleitung zu Bleisteins Delp-Gesamtausgabe. 1, 45.

256 *Gestalten der Weihnacht.* Betrachtung aus Berlin-Tegel, Dezember 1944. 4, 206.

257 Ebd. 197 f.

258 Ebd. 201f.

259 Delps Freund Franz von Tattenbach arbeitete später in Guatemala als Befreiungstheologe.

260 Vgl. Anm. 220.

261 Delp an seinen Zögling Elmar Mühlbauer. 5, 73.

262 Delp, Worte 91.

263 4, 195.

264 *Epiphanie 1945.* Geschrieben wenige Tage vor dem Todesurteil. Ebd. 223f.

265 Brief vom 16. Dezember 1944 aus Berlin-Tegel an seine Sekretärin Luise Oestreicher. 4, 48f. Um die Adressaten nicht zu gefährden, gibt Delp sich in diesen Kassibern gern Fantasienamen; hier nennt er sich „Georg". Der zitierte „protestantische Mitbruder" war Eugen Gerstenmaier.

266 Brief an Pater Franz von Tattenbach, geschrieben nach dem 11. Januar 1945. 4, 107 ff.

267 2, 521f.

268 Alfred Sebastians Vater, der Münchener Rechtsanwalt Dr. Ernst Keßler, war ein wichtiger Gesprächspartner Delps in politischen Fragen gewesen. Dem eben – am 13. Januar 1945 – geborenen Patenkind schrieb Delp zehn Tage vor seinem Tod einen seiner letzten Briefe. 4, 139 ff.

269 Notizen aus der Haft. 4, 309 ff.

270 Notizen aus der Haft. 4, 312 ff.

271 Meditation in der Haft, Advent 1944. 4, 151 ff.

272 Zur Heiligen Nacht 1944 entstanden in der Haft. Ebd. 189 ff.

273 Ebd. 208 ff.

274 Geschrieben in der Haftanstalt Berlin-Tegel wenige Tage vor Beginn der Verhandlung vor dem Volksgerichtshof. 4, 216 f. 219 ff.

Ausgewählte Literatur

mit den in den Anmerkungen verwendeten Sigeln

Alfred-Delp-Jahrbuch, hrsg. im Auftrag der Alfred-Delp-Gesellschaft Mannheim e. V. von 2007 bis 2018 von Reiner Albert, Roland Hartung und Günther Saltin, ab 2019 von Peter Kern im LIT-Verlag Münster

Akten deutscher Bischöfe über die Lage der Kirche 1933–1945 V: 1940–1942 (Veröffentlichungen der Kommission für Zeitgeschichte, Reihe A: Quellen – Band 34). Bearbeitet von Ludwig Volk. Mainz 1983

Aretz Jürgen (Hrsg.): Nikolaus Groß. Christ – Arbeiterführer – Widerstandskämpfer. Briefe aus dem Gefängnis. Mainz 1993

Bleistein Roman: Augustinus Rösch. Leben im Widerstand. Biographie und Dokumente. Frankfurt am Main 1998

–: Alfred Delp als zeitkritischer Autor. Editionspläne 1940/1941 zwischen Reichsschrifttumskammer und Widerstand. In: Stimmen der Zeit 205 (1987) 609–619

–: Kirche und Politik im Dritten Reich. Reflexionen in neu aufgefundenen Dokumenten des Kreisauer Kreises. In: Stimmen der Zeit 205 (1987) 147–158

–: Lothar König. Ein Jesuit im Widerstand gegen den Nationalsozialismus. In: Stimmen der Zeit 204 (1986) 313–326

„Bleistein, 20. Juli“: Roman Bleistein: Alfred Delp und der 20. Juli 1944. Ergebnisse aus neueren Forschungen. In: Zeitschrift für Kirchengeschichte 97 (1986) 66–78

Buchheit Gert: Richter in roter Robe. Freisler, Präsident des Volksgerichtshofes. München 1968

Delp Alfred: Gesammelte Schriften I–V. Hrsg. von Roman Bleistein. Frankfurt am Main 1982–1984:

Band I (zit. „1“): Geistliche Schriften. ^{2}1985

Band II (zit. „2“): Philosophische Schriften. ^{2}1985

Band III (zit. „3“): Predigten und Ansprachen. ^{2}1985

Band IV (zit. „4“): Aus dem Gefängnis. ^{2}1985

Band V (zit. „5“): Briefe – Texte – Rezensionen. 1988

„Delp, Worte“: Alfred Delp: Worte der Hoffnung. Ausgewählt und zusammengestellt von Alice Scherer. Freiburg 1974

„Dossier“: Kreisauer Kreis. Dokumente aus dem Widerstand gegen den Nationalsozialismus. Aus dem Nachlaß von Lothar König S. J. Hrsg. und kommentiert von Roman Bleistein. Frankfurt am Main 1987

ENDRASS Elke: Gemeinsam gegen Hitler. Pater Alfred Delp und Helmuth James Graf von Moltke. Stuttgart 2007

FELDMANN Christian: Die Wahrheit muß gesagt werden. Rupert Mayer – Leben im Widerstand. Freiburg 1987

–: „Wir hätten schreien müssen." Das Leben des Dietrich Bonhoeffer. Freiburg 1998

Glaube als Widerstandskraft. Edith Stein – Alfred Delp – Dietrich Bonhoeffer. Hrsg. von Gotthard Fuchs. Frankfurt am Main 1986

HÜRTEN Heinz: Deutsche Katholiken 1918–1945. Paderborn 1992

„KÄMPFER": Alfred Delp. Kämpfer – Beter – Zeuge. Letzte Briefe. Beiträge von Freunden. Freiburg 1962

KEMPNER Maria Benedicta: Priester vor Hitlers Tribunalen. Gütersloh 1966

KRAMARZ Joachim: Claus Graf Stauffenberg. Frankfurt am Main 1965

LILJE Hanns: Im finstern Tal. Nürnberg 1947

LILL Rudolf / OBERREUTER Heinrich (Hrsg.): 20. Juli. Portraits des Widerstandes. Düsseldorf 1984

MAŁYGA Maciej: Freiheit als Hingabe an Gott. Eine Studie zum Freiheitsverständnis Alfred Delps. Bonner Dogmatische Studien, Band 54. Würzburg 2013

MOLTKE Albrecht von: Die wirtschafts- und gesellschaftspolitischen Vorstellungen des Kreisauer Kreises innerhalb der deutschen Widerstandsbewegung (Reihe: Wirtschafts- und Rechtsgeschichte Band 16). Köln 1989

„MOLTKE, FREYA": Helmuth James von Moltke: Briefe an Freya 1939–1945. Hrsg. von Beate Ruhm von Oppen. München 1988

„MOLTKE, LETZTE BRIEFE": Helmuth J. Graf von Moltke: Letzte Briefe aus dem Gefängnis Tegel. Berlin [8]1959

MÜLLER Petro: Sozialethik für ein neues Deutschland. Die „Dritte Idee" Alfred Delps – ethische Impulse zur Reform der Gesellschaft (Schriften des Instituts für Christliche Sozialwissenschaften der Westfälischen Wilhelms-Universität Münster Band 32). Münster 1994

NEUFELD Karl H.: Geschichte und Mensch. A. Delps Idee der Geschichte. Ihr Werden und ihre Grundzüge (Analecta *Gregoriana* Vol. 234, Series Facultatis Theologiae: sectio An. 25). Rom 1983

NGUYEN Peter: Against the Titans. Theology and the Martyrdom of Alfred Delp. Lanham 2020

POELCHAU Harald: Die letzten Stunden. Berlin 1987

POPE Michael: Alfred Delp S. J. im Kreisauer Kreis. Die rechts- und sozialphilosophischen Grundlagen in seinen Konzeptionen für eine Neuordnung Deutschlands (Veröffentlichungen der Kommission für Zeitgeschichte, Reihe B: Forschungen – Band 63). Mainz 1994

„PORTRÄT": Der Kreisauer Kreis. Porträt einer Widerstandsgruppe. Begleitband zu einer Ausstellung der Stiftung Preußischer Kulturbesitz. Bearbeitet von Wilhelm Ernst Winterhager. Berlin 1985

RÖSCH Augustin: Kampf gegen den Nationalsozialismus. Hrsg. von Roman Bleistein. Frankfurt am Main 1985

ROON Ger van: Neuordnung im Widerstand. Der Kreisauer Kreis innerhalb der deutschen Widerstandsbewegung. München 1967

SALTIN Peter: Gesang im Feuerofen. Die ökumenische Bibellektüre von Helmuth James Graf von Moltke, Alfred Delp, Eugen Gerstenmaier und Joseph Ernst Fugger von Glött in der Haftanstalt Berlin-Tegel. Würzburg 2014

SCHALLER Andreas: Lass dich los zu deinem Gott. Eine theologische Studie zur Anthropologie von Alfred Delp S.J. Freiburger Theologische Studien, Band 177. Freiburg 2012

SCHATZ Klaus: Zwischen Säkularisation und Zweitem Vatikanum. Der Weg des deutschen Katholizismus im 19. und 20. Jahrhundert. Frankfurt am Main 1986

SCHLABRENDORFF Fabian von: Offiziere gegen Hitler. Berlin 1984

SCHMÄDECKE Jürgen / STEINBACH Peter (Hrsg.): Der Widerstand gegen den Nationalsozialismus. Die deutsche Gesellschaft und der Widerstand gegen Hitler (Publikationen der Historischen Kommission zu Berlin). München 1985

SCHOLDER Klaus: Die Kirchen und das Dritte Reich. Band 1: Vorgeschichte und Zeit der Illusionen, 1918–1934. Frankfurt am Main 1977

SCHULTE Franz B.: „Auf dem Weg zu einem christlichen Europa". In: Franz B. Schulte (Hrsg.): Alfred Delp: Programm und Leitbild für heute. Beiträge zu Theologie, Kirche und Gesellschaft im 20. Jahrhundert, Band 11. Berlin 2007, 53–60

TATTENBACH Franz von: Das entscheidende Gespräch. In: Stimmen der Zeit 155 (1955) 321–329

WISTRICH Robert: Who's Who in Nazi Germany. London 1982

„ZEUGE": Roman Bleistein: Alfred Delp. Geschichte eines Zeugen. Frankfurt am Main 1989

Seit 2005 gibt es die

Alfred Delp Gesellschaft Mannheim e.V.
A4 2, 68159 Mannheim
www.alfred-delp-gesellschaft.de
info@alfred-delp-gesellschaft.de

Bildnachweis

Umschlag: Alfred Delp beim Segeln auf dem Simssee.

S. 12 Alfred Delp als Schüler im Jahr 1921.

S. 14 l. Alfred Delps Mutter, Maria Delp, geb. Bernauer.

S. 14 r. Alfred Delps Vater; Adam Friedrich Delp.

S. 16 Lampertheim mit Römerstraße.

S. 18 Alfred Delp.

S. 24 Schulsport im Kolleg St. Blasien.

S. 26 Alfred Delp. Das Foto trägt auf der Rückseite die handschriftliche Notiz „Wollte auch in die Mission! P. Delp†"

S. 31 Alfred Delp unmittelbar vor der Priesterweihe.

S. 36 Alfred Delp, Redakteur der „Stimmen der Zeit".

S. 43 Kirche St. Georg mit Pfarrhaus in München-Bogenhausen.

S. 50 Alfred Delp und Lothar König im Garten.

S. 60 Alfred Delp, Stella Matutina, Feldkirch.

S. 65 Helmuth J. Graf von Moltke vor dem Volksgerichtshof.

S. 69 Schloss Kreisau, Gut des Grafen von Moltke.

S. 71 Delp mit Franz von Tattenbach und Dr. Karl Schneider.

S. 80 Alfred Delp vor dem Volksgerichtshof, Porträt.

S. 88 Gestapo-Gefängnis Berlin-Moabit.

S. 98 Alfred Delp vor dem Volksgerichtshof, Berlin.

S. 104 Alfred Delp 1935. Das Foto trägt auf der Rückseite den handschriftlichen Vermerk „Abreise Sept. 1935".

S. 107 Hinrichtungsstätte in Berlin-Plötzensee.

Alle Bilder: © SJ-Bild | Deutsche Region der Jesuiten, mit Ausnahme:

S. 63 Helmut James Graf von Moltke als Familienvater: © Privatbesitz / Reproduktion Gedenkstätte Deutscher Widerstand